JOSÉ ANTONIO URETA ZAÑARTU
JULIO LOREDO DE IZCUE

EL
DIQUE
ROTO

LA RENDICIÓN DE *FIDUCIA SUPPLICANS* AL MOVIMIENTO HOMOSEXUAL

THE AMERICAN SOCIETY FOR THE DEFENSE OF
TRADITION, FAMILY, AND PROPERTY—TFP

Los autores agradecen la valiosa colaboración de
Juan Miguel Montes, Raymond Drake,
Robert Ritchie, Benjamin Hiegert y
Samuele Maniscalco

El dique roto: La rendición de Fiducia supplicans al movimiento homosexual

Título original en italiano:
La Diga Rotta: La resa di Fiducia Supplicans alla lobby omosessuale
© 2024, Associazione Tradizione Famiglia Proprietà, Roma

Autores: José Antonio Ureta Zañartu y Julio Loredo de Izcue

Portada: Taller gráfico de The American TFP
Diagramación: Luis Paoli
Traducción del italiano: Julio Loredo

1.ª edición, junio de 2024
Tiraje: 1,000 ejemplares
2.º edición, julio de 2024
Impresión bajo demanda

Otras ediciones en: italiano, inglés, portugués, francés, alemán, holandés y polaco.

ISBN: 978-1-877905-84-1

B122

*A Nuestra Señora de La Salette,
en reparación por las graves ofensas a Dios
y a la virtud angélica de la pureza
que la hicieron llorar.*

PRÓLOGO

La declaración *Fiducia supplicans* (FS) ha causado revuelo en todo el mundo, sobre todo por la confusión que crea. FS brinda la posibilidad de bendecir a parejas del mismo sexo cuando, dos años antes (*Responsum 2021*), el Vaticano se había pronunciado claramente en contra de esta posibilidad. La opinión de que FS es coherente con este *Responsum* y con la doctrina y la tradición sobre el tema es insostenible. FS presenta contradicciones evidentes. La Biblia y la Tradición son perfectamente coherentes cuando tratan de las implicaciones morales de la homosexualidad. FS rompe con esto al ofrecer la posibilidad de bendecir una relación pecaminosa en nombre de Dios. Desde luego, el hecho de que esta bendición pueda durar apenas unos minutos y no sea impartida al pie de un altar no cambia esta verdad. No hay ningún fundamento en las Sagradas Escrituras o en la Tradición para tal bendición.

El cardenal Fernández ha dicho que la doctrina del matrimonio permanece inalterada. Pero esa no es la cuestión. La cuestión es: ¿Puede un sacerdote dar su bendición a una unión que la Biblia considera pecaminosa? Esta es una pregunta retórica. Sin duda alguna, se pide la bendición de Dios para sanar la ruptura en la propia vida, no para perpetuar una situación desordenada. Uno no puede rechazar el juicio y las exigencias morales de Dios y seguir apelando a su misericordia.

El problema radica principalmente en que FS no aborda la dimensión moral de la relación. FS se niega a nombrar el mal. En este sentido, está en sintonía con el espíritu corriente de nuestra época: la negación del pecado, que es consecuencia del subjetivismo y el relativismo dominantes hoy en día, y la negación de la verdad, que por definición se aplica a todos y en todo momento.

Otro problema es que la misericordia se proclama sin que haya arrepentimiento. Todo el mundo es bienvenido. *Todos, todos, todos,*[*] grita incesantemente el Papa Francisco. ¿Todo el mundo es bienvenido? Desde luego. Pero no incondicionalmente. Dios plantea exigencias. La totalidad de la Biblia podría resumirse en una llamada al arrepentimiento y una promesa de perdón. Una no puede separarse de la otra. Todos son bienvenidos, pero no todos aceptan la invitación. Sin duda conocemos la parábola del rey que invita a todos al banquete de bodas de su hijo. Llega un momento en que la puerta se cierra. En el infierno, prevalece un escenario diferente. Allí, todos son incondicionalmente recibidos. El eslogan del diablo es: *Come as you are.*[**] No tienes que cambiar. No tienes que pedir perdón. No tienes que mover un dedo para ayudar a los demás en sus necesidades. Todos son bienvenidos en el infierno. *Todos, todos, todos.*

La misericordia existe porque existe el pecado. La misericordia existe porque existe el juicio. La misericordia existe porque existe el infierno. Donde se esconde el pecado, también se esconde la esencia de la misericordia. El objetivo de la misericordia no es decir a los demás lo malos que son, sino hablarles del perdón de los pecados. Todo lo que hay que hacer es pedirlo con sinceridad. Sin más condiciones. Doy gracias a Dios todos los días por su infinita misericordia. Veo tanta ira y agresividad en nuestros tiempos. La gente no sería tan agresiva y airada si conociera el perdón de Dios. Sin embargo, pedir perdón implica reconocer el pecado. Esa es la clave para obtener la paz en la mente y en el

---

[*]　En español, en el texto original neerlandés.
[**]　"Ven como eres", en inglés en el original.

corazón. Nada funciona tan desastrosamente como negar el mal. Normalmente, las cosas van de mal en peor.

Parece que FS quiere hacer las paces con la sociedad secular, pero la paz a costa de la moralidad y de la verdad es la "paz" más cruel que se pueda imaginar. Dios ama a todos. Ama a todos los pecadores, pero odia tus pecados. Espera fervientemente que vuelvas a Él, así como esperó el regreso del Hijo Pródigo. No quiere nada más que compartir su amor contigo.

Por estas razones, saludo la aclaración que ofrece el oportuno libro *El dique roto*, de José Antonio Ureta y Julio Loredo. En él se demuestra plenamente cómo *Fiducia supplicans* es el resultado de un proceso preparado por un grupo de presión muy bien organizado en el seno de la Iglesia Católica.

+ Rob Mutsaerts

Obispo auxiliar de Bolduque (Países Bajos)

Introducción

Las revoluciones son como la rotura de un dique. Más que un aumento imprevisto del volumen de agua contenida, es el debilitamiento de su estructura de contención debido a un deterioro no detectado lo que provoca la súbita apertura de brechas a través de las cuales el tumultuoso flujo de la masa líquida arrastra porciones cada vez mayores de la vasta obra de ingeniería diseñada para contenerla.

De modo análogo, el progreso gradual de las tendencias e ideas revolucionarias, impulsado por las pasiones humanas desordenadas, va llenando un estanque de descontento y ansias de cambio. Pero su volumen es contenido por las convicciones, costumbres e instituciones tradicionales que actúan como dique. Sin embargo, bajo la presión corrosiva de las nuevas tendencias sociales, empiezan a aparecer grietas en la barrera de resistencia, debilitando su soporte cultural, hasta que una tormenta espiritual alimentada por factores psicológicos e ideológicos (a veces acompañada de una poderosa influencia preternatural) golpea a la sociedad, provocando una explosión, una inundación devastadora y la consiguiente reconfiguración del paisaje religioso, cultural y político.

En la sociedad occidental, la Iglesia Católica es el gran dique que protege los reductos aún no conquistados por la revolución neopagana. Basándose en los preceptos inmutables del Evangelio y de la Ley Natural, sus enseñanzas morales impiden que el paroxismo de las pasiones desenfrenadas produzca la devastación que buscan las corrientes ideológicas de extrema izquierda. Esto es particularmente cierto en lo que respecta al movimiento homosexual y a la ideología transgénero, cuyas exigencias, si tienen éxito, conducirán a la disolución de la familia y a la supresión de los principios morales fundamentales sobre los que descansa cualquier civilización digna de tal nombre.

Sin embargo, desgraciadamente, la corrupción intelectual y la revolución sexual han abierto grietas en el otrora sólido y compacto dique doctrinal de la teología moral católica que ahora están en vías de convertirse en enormes brechas. Bastará una tormenta con la consiguiente acumulación de descontento para que el torrente de las pasiones desbocadas derribe las estructuras humanas del edificio sagrado que sigue siendo el baluarte de lo poco que queda de la civilización cristiana occidental.

Observaciones preliminares

Los autores de este libro no tienen la intención de difamar ni desdeñar a nadie, ni les mueve el odio personal contra quienquiera que sea. Al oponerse intelectualmente a personas u organizaciones que promueven la agenda homosexual dentro de la Iglesia, su único propósito es la defensa de la doctrina católica sobre la castidad y el matrimonio.

Como católicos practicantes, están llenos de respeto por quienes luchan contra la atracción hacia personas de su mismo sexo y rezan por quienes caen en el pecado homosexual por debilidad humana. Son conscientes de la enorme diferencia que existe entre ellos y quienes presentan su estilo de vida homosexual como un motivo de orgullo y pretenden imponer su aceptación en la Iglesia Católica.

Al mismo tiempo que hacen todo lo permitido por la moral católica y la ley civil para bloquear sus esfuerzos, los autores también rezan por los activistas radicales que impulsan la agenda homosexual dentro de la Iglesia y por las autoridades eclesiásticas que se rinden ante ellos.

* * *

El uso indiscriminado de la palabra *homosexual* y de sus sinónimos ha generado mucha confusión en el público. Muchas veces no queda claro si se refiere a alguien que sienta atracción por el mismo sexo solamente o si designa a quien practica actos homosexuales. Esta confusión favorece la agenda homosexual. No se puede equiparar personas con atracción por el mismo sexo, pero que resisten a ella y son castos, con aquellas que incurren en conductas homosexuales. Se trata de dos realidades morales distintas y esencialmente diferentes. Por lo tanto, usaremos el término homosexual para referirnos exclusivamente a aquellos que practican actos homosexuales y por lo tanto merecen ser reprobados moralmente.

* * *

Para efectos de documentación, incluimos referencias a algunos sitios web y publicaciones que albergan contenidos censurables, por lo cual nos sentimos obligados de advertir al lector.

La gran tragedia es que muchos miembros de la Iglesia Católica, que tienen el deber de preservar la integridad de la fe y de la moral, están trabajando para convertir las grietas del dique en brechas. Están haciendo lo contrario que sus predecesores, que advirtieron del peligro de infiltración e intentaron reforzar e impermeabilizar los muros del dique con documentos oportunos que recordaban la enseñanza tradicional de la Iglesia.

Entre ellas destaca la *Carta a los obispos de la Iglesia Católica sobre la atención pastoral a las personas homosexuales*, publicada en octubre de 1986 por la Congregación para la Doctrina de la Fe (CDF), con la firma de su prefecto, el entonces cardenal Joseph Ratzinger. En él se denunciaba que, en círculos católicos que debatían la cuestión de la homosexualidad, "se propusieron unas interpretaciones excesivamente benévolas de la condición homosexual misma, hasta el punto que alguno se atrevió incluso a definirla indiferente o, sin más, buena" (n.° 3).[1] Se proponía una nueva exégesis en la cual se afirmaba que "la Biblia o no tendría cosa alguna que decir sobre el problema de la homosexualidad, o incluso le daría en algún modo una tácita aprobación, o en fin ofrecería unas prescripciones morales tan condicionadas cultural e históricamente que ya no podrían ser aplicadas a la vida contemporánea" (n.° 4).

El documento deplora además que "dentro de la Iglesia se ha formado también una tendencia, constituida por grupos de presión con diversos nombres y diversa amplitud, que intenta acreditarse como representante de todas las personas homosexuales que son católicas" (n.° 9). Sin embargo, la realidad es que reúne "bajo el amparo del catolicismo a personas homosexuales que no tienen intención alguna de abandonar su comportamiento homosexual" (n.° 9), y que "ignoran la enseñanza de la Iglesia, o buscan subvertirla de alguna manera" (n.° 9).

La carta de la CDF firmada por el cardenal Ratzinger describe con gran claridad el *modus operandi* de esta subversión doctrinal: "Una de las tácticas utilizadas es la de afirmar, en tono de protesta, que cualquier crítica, o reserva en relación con las personas homosexuales, con su actividad y con su estilo de vida, constituye

---

1. Congregación para la Doctrina de la Fe, "Carta a los obispos de la Iglesia Católica sobre la atención pastoral a las personas homosexuales", *Vatican.va*, 1-10-1986, https://www.vatican.va/roman_curia/congregations/cfaith/documents/rc_con_cfaith_doc_19861001_homosexual-persons_sp.html.

simplemente una forma de injusta discriminación" (n.º 9). Su instrucción final a los obispos era que "se deberá retirar todo apoyo a cualquier organización que busque subvertir la enseñanza de la Iglesia, que sea ambigua respecto a ella o que la descuide completamente. [Porque] un apoyo en este sentido, o aún su apariencia, puede dar origen a graves malentendidos" (n.º 17).

Por desgracia, la inmensa mayoría de los obispos de Europa, América y Australia, regiones en las que la homosexualidad se generalizó a raíz de la revolución sexual de los años sesenta, desoyeron estas prudentes instrucciones de la Santa Sede de 1986.

En muchos países de esta extensa parte del mundo, junto con el reconocimiento legal de las uniones civiles y el "matrimonio" homosexual, surgieron grupos de presión fuera y dentro de la Iglesia que exigían la plena integración de los católicos que viven públicamente en relaciones estables con parejas del mismo sexo en la vida de la Iglesia.

El primer paso para lograr el pleno reconocimiento de esas uniones gravemente inmorales fue encontrar sacerdotes que bendijeran a las parejas del mismo sexo (pseudoparejas) en ocasiones especiales como el día de San Valentín, y más tarde hacerlo en ceremonias pseudolitúrgicas una vez registrada la unión civil o el "matrimonio" en un municipio.

El pasado 18 de diciembre, el nuevo Dicasterio para la Doctrina de la Fe dio un medio paso sumamente simbólico en este largo camino hacia dicho reconocimiento al publicar la declaración *Fiducia supplicans* con la firma de su prefecto, el cardenal Víctor Manuel Fernández. Esta declaración autoriza a los sacerdotes a bendecir a las parejas concubinarias, adúlteras o del mismo sexo que lo soliciten, siempre que esto se haga "no ritualmente".

Aunque el Vaticano insistió en que esto no representaba un cambio de doctrina respecto al matrimonio y a la moral sexual, los principales medios de comunicación y la opinión pública in-

terpretaron este permiso como la primera apertura de la Iglesia
al reconocimiento de las uniones entre personas del mismo sexo.
Así, las bendiciones "no rituales" autorizadas por *Fiducia suppli-*
cans abrieron una enorme brecha en el dique de la moral católica
y representaron una victoria para el movimiento homosexual en
la medida en que esta impresión se afianzó en la mente del público, especialmente de los católicos.

Como afirma Mons. Joseph Naumann, arzobispo de Kansas
City en Kansas, Estados Unidos, en *The Leaven*, la publicación
de su arquidiócesis, "los activistas de los derechos de los homosexuales presionaron muchísimo por sus demandas de que la sociedad secular les conceda estado conyugal. Estos mismos activistas también han insistido en que la Iglesia bendiga las uniones
entre personas del mismo sexo como afirmación de la decencia de
su actividad sexual y como paso eventual para el reconocimiento
matrimonial de sus relaciones". Y reiteró: "¿Por qué ha habido
una reacción tan fuerte ante un cambio que algunos podrían considerar simplemente semántico? La confusión en torno a 'Fiducia
supplicans' era previsible. Los activistas de los derechos homosexuales, dentro y fuera de la Iglesia, han estado exigiendo la bendición eclesiástica de las uniones entre personas del mismo sexo
como un paso necesario para que la Iglesia se adapte finalmente
a la cultura [imperante] y acepte los matrimonios entre personas
del mismo sexo".[2]

Algunas personas podrían considerar exagerado vincular a
Fiducia supplicans con el movimiento homosexual, ya sea porque eran jóvenes cuando la *Carta a los obispos* del cardenal Joseph Ratzinger desencadenó un considerable debate en los medios de comunicación o porque no seguían de cerca los asuntos
de la Iglesia en aquel momento.

---

2. JOSEPH F. NAUMANN, "'Fiducia Supplicans' does not change perennial church teaching",
    The Leaven, 12-1-2024, https://theleaven.org/fiducia-supplicans-does-not-change-peren-
    nial-church-teaching/.

Este libro pretende ayudar a todos los que carecen de esta perspectiva histórica a comprender de forma concisa y panorámica hasta qué punto la declaración *Fiducia supplicans* del cardenal Víctor Manuel Fernández constituye una inusual rendición del Vaticano a las presiones del movimiento homosexual dentro y fuera de la Iglesia.

Los católicos que se adhieren seriamente a las enseñanzas de la Revelación divina y a la moral tradicional necesitan estar al tanto de la amplitud del enfrentamiento y durante cuánto tiempo viene ocurriendo, para que puedan reaccionar con convicción y energía.

Antes, sin embargo, necesitamos desvelar, aunque sea brevemente, el verdadero alcance de este medio paso de *Fiducia supplicans* hacia el pleno reconocimiento de la homosexualidad.

Capítulo 1

Bendecir a parejas homosexuales es contrario a la Revelación y a la Tradición

Fiducia supplicans admite "la posibilidad de bendiciones de parejas en situaciones irregulares y de parejas del mismo sexo, cuya forma no debe encontrar ninguna fijación ritual por parte de las autoridades eclesiásticas, para no producir confusión con la bendición propia del sacramento del matrimonio" (n.º 31).[3]

Como supuesto indicador de esta diferencia, el texto explica: "esta bendición nunca se realizará al mismo tiempo que los ritos civiles de unión, ni tampoco en conexión con ellos. Ni siquiera con las vestimentas, gestos o palabras propias de un matrimonio" (n.º 39). Debe solicitarse espontáneamente "en las peregrinaciones, en los santuarios y también en la calle cuando se encuentran con un sacerdote" (n.º 28).

---

3. Dicasterio para la Doctrina de la Fe, "Declaración *Fiducia supplicans* sobre el sentido pastoral de las bendiciones", *Vatican.va*, 18-12-2023, https://www.vatican.va/roman_curia/congregations/cfaith/documents/rc_ddf_doc_20231218_fiducia-supplicans_sp.html.

"Uniones irregulares" y "parejas irregulares"

Primero *Amoris laetitia* y ahora *Fiducia supplicans* utilizan el adjetivo "irregular" para calificar la unión de dos individuos que viven juntos en estado habitual de pecado grave y público: adúlteros; parejas de hecho, convivientes o amantes; concubinos; divorciados "vueltos a casar" civilmente; homosexuales; etc.

En el Magisterio tradicional de la Iglesia y en el derecho, se les definía como "pecadores públicos". Sin embargo, en el nuevo enfoque pastoral, dicha calificación se considera una despiadada condena moral que corre el riesgo de alienarlos aún más. Al definir eufemísticamente su relación como meramente "irregular", se evita una condena moral preventiva, a la vez que se utilizan términos adecuados para suscitar compasión: No son más que víctimas heridas, tal vez víctimas inocentes...

El uso de palabras talismán (como "irregular" y "herido") explota un comprensible sentimiento de compasión por quienes viven al margen de la sociedad y de la Iglesia. Para no agravar el sufrimiento psicológico de la "pareja irregular", se desaconseja cualquier juicio moral, pues se considera ofensivo y perjudicial. Por el contrario, se recomiendan las actitudes misericordiosas de "inclusión" y "acompañamiento" como las únicas capaces de prestar una atención pastoral eficaz.

En una segunda fase, el sentimiento compasivo suscita una progresiva identificación y simpatía por la "pareja irregular", lo que hace olvidar su responsabilidad moral. La suspensión inicial del juicio moral entonces se invierte. Ahora, la situación se excusa o incluso se justifica como si fuera insuperable, mientras quienes persisten en reprochar su unión pecaminosa son acusados de falta de misericordia.

Un ejemplo paradigmático de esta inversión fueron las palabras del cardenal Christoph Schönborn durante la presentación oficial de *Amoris laetitia* a la prensa, en el Vaticano, en abril de 2016. Según él, la distinción que siempre se ha hecho entre uniones moralmente lícitas e ilícitas procedía de un enfoque "artificioso": "Por un lado están los matrimonios y las familias 'normales', que obedecen a la regla, en los que todo está 'bien', y está 'en orden', y luego están las situaciones 'irregulares' que plantean un problema". Y concluye: "Mi gran alegría ante este documento [*Amoris laetitia*] reside en el hecho de que, coherentemente, supera la artificiosa, externa y neta división entre 'regular' e 'irregular'".[4]

A su vez, dirigiéndose a la Secretaría del Sínodo, el cardenal Jean-Claude Hollerich, arzobispo de Luxemburgo, propuso una revolucionaria "transición de la pastoral de la familia a una pastoral del amor", que "acompañe a las personas en su proyecto de amor".[5] No importa si el "proyecto de amor" es virtuoso o pecaminoso, si conduce al Cielo o al Infierno...

Resulta que en marzo de 2021, la Congregación para la Doctrina de la Fe, dirigida entonces por el cardenal español Luis Ladaria, había condenado perentoriamente tales bendiciones en respuesta a este *dubium* de un obispo: "¿La Iglesia dispone del poder para impartir la bendición a uniones de personas del mismo sexo?". El *Responsum* afirmaba con énfasis: "Negativamente". "Cuando se invoca una bendición sobre algunas relaciones humanas se necesita —más allá de la recta intención de aquellos que

---

4. "Presentación de la exhortación apostólica post-sinodal Amoris Laetitia: La lógica de la misericordia pastoral", *Vatican.va*, 8-4-2016, https://press.vatican.va/content/salastampa/es/bollettino/pubblico/2016/04/08/presentacion.html.

5. "Lussemburgo, per la famiglia serve una nuova 'pastorale dell'amore'", *DifesaPopolo.it*, 13-5-2015, https://www.difesapopolo.it/Archivio/Speciali/Il-Sinodo-sulla-famiglia/Lussemburgo-per-la-famiglia-serve-una-nuova-pastorale-dell-amore.

participan— que aquello que se bendice esté objetiva y positiva-mente ordenado a recibir y expresar la gracia, en función de los designios de Dios inscritos en la Creación y revelados plenamen-te por Cristo Señor".[6]

"Por este motivo —concluye el *Responsum*—, no es lícito impartir una bendición a relaciones, o a parejas incluso estables, que implican una praxis sexual fuera del matrimonio (es decir, fuera de la unión indisoluble de un hombre y una mujer abierta, por sí misma, a la transmisión de la vida), como es el caso de las uniones entre personas del mismo sexo". Cabe señalar que el comunicado de prensa oficial contiene este párrafo final: "El Sumo Pontífice Francisco, en el curso de una Audiencia conce-dida al suscrito Secretario de esta Congregación, ha sido infor-mado y ha dado su asentimiento a la publicación del ya mencio-nado *Responsum ad dubium*, con la Nota explicativa adjunta".

¿Cómo es posible que, apenas dos años y medio después, el prefecto de ese mismo dicasterio diga precisamente lo contrario, con la firma del Papa Francisco?

Cuatro falacias para "justificar" la bendición de una relación pecaminosa

Aunque reconoce explícitamente que la enseñanza tradicio-nal solo permite bendecir "cosas, lugares o circunstancias que no contradigan la norma o el espíritu del Evangelio" (n.º 10, citando el *Rituale Romanum*), en *Fiducia supplicans*, el cardenal Fernán-dez utiliza cuatro subterfugios falaces para eludir el *Responsum* precedente.

---

6.   CONGREGACIÓN PARA LA DOCTRINA DE LA FE, "Responsum de la Congregación para la Doctrina de la Fe a un dubium sobre las bendiciones de las uniones de personas del mismo sexo", *Vatican.va*, 15-3-2021, https://press.vatican.va/content/salastampa/it/bollettino/pubbli-co/2021/03/15/0157/00330.html#spa.

En la primera falacia, se afirma que el Papa Francisco ha ampliado el concepto teológico-pastoral de bendición, creando una nueva categoría denominada "bendición pastoral" que, a diferencia de las "bendiciones litúrgicas", no requeriría una "perfección moral previa" de la persona que la solicita. La falacia radica en dar a entender que las "bendiciones litúrgicas" tradicionales exigirían dicha perfección cuando, en realidad, la Iglesia nunca la ha exigido, ni siquiera el estado de gracia. Por ejemplo, al final de la misa, el sacerdote bendice a todos los presentes, algunos de los cuales pueden estar en pecado mortal. Además, las bendiciones entran en la categoría teológica de sacramentales. Todos los tratados de Teología Moral enseñan que los sacramentales, como la ceniza o el agua bendita, pueden darse incluso a los no católicos si los piden con buena disposición.

En la segunda, *Fiducia supplicans* afirma que bendecir a las parejas concubinarias, adúlteras y homosexuales no sería lo mismo que bendecir uniones pecaminosas porque "no se pretende legitimar nada" (n.º 40). La falacia reside en pretender distinguir la pareja y la unión, cuando lo que les convierte en pseudopareja es precisamente lo que les une, en este caso, la comunidad de vida. Esto queda aún más claro en la tercera falacia, en la que se menciona explícitamente su "relación".

En la tercera, el documento insinúa que lo que piden las parejas convivientes, adúlteras u homosexuales es únicamente que se bendigan los aspectos "positivos" de su unión. Hace referencia a individuos que "no pretenden la legitimidad de su propio *status*, sino que ruegan que todo lo que hay de verdadero, bueno y humanamente válido en sus vidas y relaciones, sea investido, santificado y elevado por la presencia del Espíritu Santo" (n.º 31). Aquí, la falacia reside en pretender que, en una relación que pretende ser conyugal, los distintos aspectos de la comunidad de vida pueden separarse en compartimentos estancos, unos positivos y otros negativos. En realidad, incluso lo que algunos podrían considerar aspectos positivos (por ejemplo, el afecto, la fidelidad y el apoyo mutuo) contribuyen a mantener la relación pecaminosa, a obstaculizar la conversión y la disolución de la unión. Cuanto más "positivos" parecen ser estos aspectos, tanto más constituyen ocasiones próximas de pecado, si no el fundamento mismo de la estructura de pecado que atrapa a los dos individuos.

La cuarta falacia es tratar de separar, en la Iglesia, la acción pastoral y la doctrina, como si obedecieran a dos lógicas independientes y contradictorias: "La Iglesia, también, debe evitar el apoyar su praxis pastoral en la rigidez de algunos esquemas doctrinales o disciplinares" (n.º 25). "El abrazo misericordioso de Dios y la maternidad de la Iglesia" (n.º 19) deben tener en cuenta que "para Dios somos más importantes que todos los pecados que nosotros podamos hacer" (n.º 27). Esta infravaloración de la maldad del pecado y sus consecuencias —¡que pueden ser las llamas eternas del infierno!— nos lleva a esta pregunta: ¿Por qué murió Jesús en la Cruz para redimirnos? ¿Por qué le dijo a la mujer adúltera: "Anda, y en adelante no peques más" (Jn 8, 11)?

Un último subterfugio consiste en pretender que los sacerdotes respetarán las restricciones impuestas a esas "bendiciones pastorales" en su ejecución concreta. El caso más flagrante de falta de respeto a los límites ocurrió en la diócesis de Maldonado, Uruguay, donde dos conocidas personalidades de la televisión recibieron la bendición del vicario general de la diócesis durante una fiesta con cuatrocientos invitados, luego de celebrar su "matrimonio" civil. La forma cómo aplicaron este documento del Vaticano fue tanto más escandalosa porque los detalles fueron acordados entre los beneficiarios y el obispo local después de que este último obtuviera el consentimiento del nuncio apostólico.[7]

---

7. Ver Julieta Villar, "Obispo aclara cómo se realizó la bendición a dos personas homosexuales en Uruguay", *ACI Prensa*, 22-2-2024, https://www.aciprensa.com/noticias/103286/uruguay-obispo-aclara-como-se-realizo-la-bendicion-de-carlos-perciavalle-y-su-pareja-gay.

Por todas estas razones, *Fiducia supplicans* representa una ruptura con la enseñanza tradicional de la Iglesia sobre el sexto mandamiento, la naturaleza intrínsecamente pecaminosa de cualquier uso de las facultades sexuales fuera del matrimonio y el escándalo que las relaciones y uniones concubinarias, adúlteras y homosexuales representan para los fieles y la sociedad.

CAPÍTULO 2

Fiducia supplicans conmociona el *sensus fidei* de cardenales, obispos, sacerdotes y laicos, a la vez que es aplaudida por el movimiento homosexual

El exprefecto de la Congregación para la Doctrina de la Fe, el cardenal Gerhard Müller, se apresuró a publicar una nota en la que afirmaba que *Fiducia supplicans* era un "salto doctrinal" porque "no se encuentran textos bíblicos ni de los Padres y Doctores de la Iglesia ni documentos anteriores del Magisterio que apoyen las conclusiones de [*Fiducia supplicans*]".

Si bien la Iglesia puede añadir nuevos sacramentales a los ya existentes, no puede "cambiar su significado de tal manera que trivialicen el pecado". "La bendición —afirma el cardenal—, tiene una realidad objetiva propia y, por tanto, no puede ser redefinida a voluntad para adaptarse a una intención subjetiva contraria a la naturaleza de una bendición", convirtiéndose en una creación *ad hoc* "para bendecir situaciones contrarias a la ley o al espíritu del Evangelio".

Y concluye enfáticamente: "Bendecir una realidad que es contraria a la creación, no solo no es posible, sino que constituye una blasfemia".[8] De hecho, "hablar bien" (*benedicere*) de una relación pecaminosa en el Nombre de Dios es tomar su Santo Nombre en vano.

Sugerencias que "causarían escándalo e incomprensión"

En declaraciones al periódico más importante de Uruguay, el cardenal Daniel Sturla, arzobispo de Montevideo, dijo que "es un tema polémico y está dividiendo aguas adentro de la Iglesia". "Es claro que un sacerdote bendice a todas las personas", pero "otra cosa es bendecir a una pareja homosexual. Ahí ya no es la bendición de las personas, sino a la pareja, y toda la tradición de la Iglesia, incluso un documento de hace dos años dice que no es posible hacer esto". Y reitera: "Tampoco se bendice a una pareja que no está casada. No se pueden bendecir uniones que la misma Iglesia dice que no están de acuerdo con el plan de Dios".[9]

Por su parte, en un mensaje de Navidad, el cardenal Robert Sarah, exprefecto de la Congregación para el Culto Divino, invitó a las conferencias episcopales y a todos los obispos a que se opongan a *Fiducia supplicans*. "Al hacerlo, uno no se opone al Papa Francisco, sino que se opone firme y radicalmente a una herejía que socava gravemente a la Iglesia, el Cuerpo de Cristo, porque es contraria a la fe y a la Tradición católica".[10]

---

8. GERHARD LUDWIG MÜLLER, "The Only Blessing of Mother Church Is the Truth That Will Set Us Free – Note on the Declaration Fiducia supplicans, in Müller – 'Fiducia supplicans' is 'self-contradictory'", *The Pillar*, 21-12-2023, https://www.pillarcatholic.com/p/muller-fiducia-supplicans-is-self.

9. WALTER SÁNCHEZ SILVA, "Fiducia supplicans 'no era un tema' para Navidad, asegura Cardenal", *ACI Prensa*, 25-12-2023, https://www.aciprensa.com/noticias/102489/cardenal-sturla-declaracion-sobre-bendicion-de-parejas-homosexuales-no-era-tema-de-navidad.

10. SANDRO MAGISTER, "'Fiducia supplicans'. Le cardinal Sarah: 'On s'oppose à une hérésie qui mine gravement l'Église'", *Diakonos.be*, 8-1-2024, https://www.diakonos.be/fiducia-supplicans-le-cardinal-sarah-on-soppose-a-une-heresie-qui-mine-gravement-leglise/.

Su mensaje se hace eco de la declaración conjunta de Mons. Tomasz Peta, arzobispo de Astaná (Kazajistán), y de su obispo auxiliar, Mons. Athanasius Schneider, en la que afirman que el documento del cardenal Fernández es un "gran engaño" y que las bendiciones que propone para las parejas del mismo sexo "contradicen directa y seriamente la Revelación Divina y la doctrina y la práctica ininterrumpida y bimilenaria de la Iglesia Católica".[11]

Por su parte, el obispo auxiliar de Bolduque (Países Bajos), Mons. Rob Mutsaerts, escribió en su blog una nota de repercusión mundial en la que se preguntaba: "¿Puede Dios dar su bendición al pecado? ¡Por supuesto que no! Amamos al pecador pero odiamos el pecado. Exactamente el mismo principio se aplica a las tres formas de bendiciones (sacramental, formal e informal). Y aquí es donde *Fiducia supplicans* se equivoca: identifica el pecado con el pecador".[12]

Unos días más tarde, siguieron quince declaraciones de conferencias episcopales de África, junto con una carta del presidente del Simposio de las Conferencias Episcopales de África y Madagascar, el cardenal congoleño Fridolin Ambongo Besungu, arzobispo de Kinshasa, negándose a aplicar la declaración en el continente africano. Las conferencias episcopales de Ucrania (latina y greco-católica), Polonia, Hungría, Haití, las Antillas y muchos obispos diocesanos adoptaron posturas similares.

En Brasil, poco después de la publicación del documento, el obispo Adair José Guimarães anunció: "Estos pedidos y sugerencias de la Sagrada Congregación para la Doctrina de la Fe no serán observados en la diócesis de Formosa" porque, después de

---

11. DIANE MONTAGNA, "Archbishop prohibits priests from 'performing any form of blessing' of same-sex couples in response to new Vatican declaration", *Catholic Herald*, 19-12-2023, https://catholicherald.co.uk/archbishop-prohibits-priests-from-performing-any-form-of-blessing-of-same-sex-couples-in-response-to-new-vatican-declaration/.

12. ROB MUTSAERTS, "Alweer die duivelse ambiguïteit", *Paarse Pepers*, 21-12-2023, https://vitaminexp.blogspot.com/2023/12/alweer-die-duivelse-ambiguiteit.html.

ser consultados, sus sacerdotes y responsables laicos consideraron que "causarían escándalo e incomprensión".[13]

La mayoría de los obispos y conferencias episcopales no se habían pronunciado al momento de redactar estas líneas. Solo obispos de Alemania, Flandes y Portugal expresaron su apoyo: una minoría de obispos en todo el mundo.[14] Algunos deploraron las restricciones impuestas por el documento del Vaticano y pidieron un cambio en la doctrina de la Iglesia que lleve a reconocer como buenas las uniones homosexuales y a bendecirlas oficialmente.[15]

La declaración del Vaticano favorece el movimiento homosexual

Como era de esperar, las principales organizaciones homosexuales y sus portavoces más destacados aplaudieron la declaración del cardenal Fernández.

Por ejemplo, el Sr. Matuba Mahlatjie, director de Comunicación y Relaciones con los Medios de Outright International, una organización no gubernamental (ONG) con estatus consultivo en las Naciones Unidas, subrayó que esa es la dirección correcta para el pleno reconocimiento de los derechos de los homosexuales. Destacó que "como observador de la ONU", el Vaticano, "debería utilizar [su declaración] para promover los derechos LGBTIQ" en la esfera internacional como reacción contra una

---

13. NATALIA ZIMBRÃO, "Dioceses do Brasil divergem sobre autorização da Santa Sé a bênção a uniões do mesmo sexo", *ACI Digital*, 26-12-2023, https://www.acidigital.com/noticia/57001/dioceses-do-brasil-divergem-sobre-autorizacao-da-santa-se-a-bencao-a-unioes-do-mesmo-sexo.

14. Ver ROBERT SHINE, "German and Flemish Bishops Warmly Welcome Vatican's Declaration on Blessings", *New Ways Ministry*, 9-1-2024, https://www.newwaysministry.org/2024/01/09/german-and-flemish-bishops-warmly-welcome-vaticans-declaration-on-blessings/.

15. Ver CARLOS ESTEBAN, "Obispo alemán espera que Roma deje de considerar la sodomía como pecado grave", *Infovaticana.com*, 10-1-2024, https://infovaticana.com/2024/01/10/obispo-aleman-espera-que-roma-deje-de-considerar-la-sodomia-como-pecado-grave/.

narrativa que, según él, "utiliza la religión para criminalizar y discriminar a las personas *queer*".[16]

En el ámbito latinoamericano, el presidente del Movimiento de Integración y Liberación Homosexual (Movilh) —principal grupo de presión detrás de la aprobación en 2021 del mal llamado "matrimonio igualitario" en Chile— declaró que, a pesar de sus limitaciones, la autorización para bendecir parejas convivientes, adúlteras y homosexuales "podría ayudar a ir mermando la discriminación al interior de la propia Iglesia" y "podría ser un aporte para la realidad LGBTIQ+ en aquellos países mayoritariamente católicos donde no existe la unión civil para parejas del mismo sexo y/o leyes protectoras de la orientación sexual o la identidad de género".[17]

---

16. OUTRIGHT, "Matuba Mahlatjie Talks to Newsroom Afrika about the Vatican's New Stance on Same-Sex Couples", *Outright International*, 19-12-2023, https://outrightinternational.org/news-article/matuba-mahlatjie-talks-newsroom-afrika-about-vaticans-new-stance-same-sex-couples.

17. ARAK HERRERA, "Movilh cuestiona 'bendiciones' a parejas homosexuales: 'Es una nueva e intolerable forma de exclusión'", *T13.ch*, 19-12-2023, https://www.t13.cl/noticia/nacional/movilh-cuestiona-bendiciones-parejas-homosexuales-19-12-2023.

Capítulo 3

La meta del movimiento homosexual: subvertir a la Iglesia con la homoherejía

Hace más de veinte años, Paul Varnell, pionero del periodismo prohomosexual, escribió en el *Chicago Free Press* que la controversia fundamental "no es la discriminación, los delitos de odio o las uniones civiles", sino "la condena moral subyacente", ya que "si convencemos a la gente de que la homosexualidad es plenamente moral, entonces desaparece toda su inclinación a discriminar, atacar a los homosexuales u oponerse al matrimonio homosexual". Y concluía diciendo: "Por lo tanto, el movimiento homosexual, lo reconozcamos o no, no es un movimiento de derechos civiles, ni siquiera un movimiento de liberación sexual, sino una revolución moral que pretende cambiar la visión que la gente tiene de la homosexualidad".[18]

De este modo, el movimiento homosexual luchó inicialmente para eliminar el delito de sodomía de los códigos penales y para que la Asociación Norteamericana de Psiquiatría excluyera a la homosexualidad de la lista de trastornos psiquiátricos de su *Manual Diagnóstico y Estadístico* (DSM-III), lo que consiguió en 1973.

---

18. Paul Varnell, "Defending Our Morality" (publicado originalmente en el *Chicago Free Press*, 16-8-2000), *IGFCultureWatch.com*, consultado 25-5-2024, https://igfculturewatch.com/2000/08/16/defending-our-morality/.

Cómo el movimiento homosexual logró que la Asociación Norteamericana de Psiquiatría tomara una decisión política

En una entrevista concedida al *Journal of Gay & Lesbian Psychotherapy*, en su número de febrero de 2003, el Dr. Robert L. Spitzer, principal abanderado de la eliminación de la homosexualidad del *Diagnostic and Statistical Manual of Mental Disorders* — Manual Diagnóstico y Estadístico de los Trastornos Mentales (DSM-III) de la Asociación Norteamericana de Psiquiatría (APA), dio detalles muy esclarecedores sobre la naturaleza no científica y política de la decisión, y sobre el papel que desempeñó en ella el movimiento homosexual.

Todo empezó en un simposio sobre el tratamiento de la homosexualidad promovido por la Association for the Advancement of Behavior Therapy (Asociación para el Progreso de la Terapia Conductual). Su sesión inaugural fue interrumpida a los diez minutos de empezar por la protesta de un grupo de activistas homosexuales que acusaban a los organizadores de "patologizarlos".[19] El Dr. Spitzer habló con uno de ellos, Ron Gold, y le dijo que era miembro del Grupo de Trabajo sobre Nomenclatura y Estadística de la APA, encargado de publicar el *Manual Diagnóstico*. Gold pidió ser escuchado por ese comité.

En su presentación, los activistas se quejaron de que sufrían discriminación y ataques porque el *Manual* incluía la homosexualidad. El Dr. Spitzer no recordaba si los activistas

19. Ver JACK DRESCHER, "An Interview with Robert L. Spitzer, MD, Journal of Gay & Lesbian Psychotherapy", vol. 7, n.º 3 (febrero de 2003), p. 101, consultado 16-5-2024, https://www.researchgate.net/profile/Jack-Drescher/publication/244889348_An_interview_with_Robert_L_Spitzer_MD/links/5413bc2f0cf2bb7347db270f/An-interview-with-Robert-L-Spitzer-MD.pdf.

lo dijeron claramente, "pero estaba implícita la idea de que la única forma de que los gays pudieran superar la discriminación en materia de derechos civiles era que la psiquiatría reconociera que la homosexualidad no era una enfermedad mental".[20]

Al término de la reunión, el Dr. Spitzer propuso que la APA organizara un simposio sobre el tema, que tuvo lugar durante la reunión anual de 1973 en Hawai. A la luz de este simposio, mantuvo numerosos contactos con Ron Gold y sus colegas, tras lo cual, movido por un sentimiento de compasión, empezó a pensar en una fórmula que diera un fundamento científico a su deseo de ayudarles. Sin embargo, reconoció que la fórmula que propuso obedecía más a consideraciones subjetivas y políticas que propiamente clínicas: "¿En qué medida fue el resultado de una verdadera lógica científica? Me gustaría pensar que en parte fue así. ¡Pero, sin duda, en gran medida fue una mera sensación de que tenían razón! Que si querían tener éxito en superar la discriminación, estaba claro que esto era algo que tenía que cambiar".[21]

Para sortear el choque entre la opinión tradicional de que la homosexualidad era una enfermedad que necesitaba tratamiento y el argumento de que no era más que una variante dentro de lo normal, el Dr. Spitzer partió de la base de que la psiquiatría nunca había definido qué es un trastorno mental. Intuitivamente, se podría decir que el denominador común de todos los trastornos mentales es que aquellos que padecen una o más de estas patologías suelen ser infelices con ellas. Ahora bien, si se aceptara lo que decían los activistas, es decir, que hay homosexuales que no se sienten angustiados por ser homosexuales, entonces se podría argumentar: "He aquí una de-

---

20. DRESCHER, "An Interview...", p. 101.
21. DRESCHER, p. 101-102.

finición de trastorno mental que tiene cierto sentido; y basándonos en ella, la homosexualidad no debería estar en el DSM-II".[22]

En la entrevista, el Dr. Spitzer reconoció abiertamente que "parte de eso era político". Sabía que había pocas posibilidades de que la mayoría de los miembros de la APA estuvieran a favor de eliminar totalmente la homosexualidad del *Manual*, pero muchos aceptarían que se sustituyera por el nuevo concepto de "perturbación de la orientación sexual" (*sexual orientation disturbance*), solo "para el homosexual que está insatisfecho" y que, por tanto, necesita tratamiento.[23]

Así fue como el pequeño grupo del Comité de Nomenclatura, luego el Consejo de Investigación y Desarrollo, la Asamblea de los Comités Distritales de la APA, el Comité de Revisión y, finalmente, el Consejo Directivo aprobaron suprimir la homosexualidad del *Manual de Trastornos Mentales*.

Sin embargo, esto era insuficiente. La homosexualidad tenía que ser aceptada por las distintas religiones y, en particular, por el cristianismo. Desde los años setenta, el movimiento homosexual ha creado múltiples asociaciones específicamente con este fin. Una de las más activas en la actualidad es Soulforce, que hace veinte años describía su misión de la siguiente manera:

Creemos que la religión se ha convertido en la principal fuente de información falsa y provocadora sobre lesbianas, gays, bisexuales y transgéneros. Los cristianos fundamentalistas enseñan que somos "enfermos" y "pecadores" ... La mayoría de las confesiones conservadoras y liberales se niegan a casarnos u ordenarnos como minis-

---

22. Drescher, p. 102.
23. Drescher, p. 103.

tros. La Iglesia Católica enseña que nuestra orientación es "objetivamente desordenada", y que nuestros actos de intimidad son "intrínsecamente malos" ... Estamos convencidos de que estas enseñanzas conducen a la discriminación, el sufrimiento y la muerte. Nuestro objetivo es enfrentarnos a estas trágicas falsedades y, con el tiempo, sustituirlas por la verdad de que también somos hijos de Dios, creados, amados y aceptados por Dios exactamente como somos".[24]

Es precisamente dicha *sustitución* de la verdad revelada que empieza a hacerse realidad en la Iglesia Católica, con la autorización sin precedentes que se está dando a los sacerdotes para bendecir a parejas convivientes, adúlteras y homosexuales.

Un proceso de descomposición gradual de la formación en los seminarios

Pero un cambio tan gigantesco en la doctrina y en la pastoral de la Iglesia Católica no puede haberse producido de la noche a la mañana. De hecho, fue preparado, por un lado, por una invasión furtiva de la homosexualidad en numerosos seminarios y noviciados y, por otro, por la infiltración en los ambientes católicos en los años sesenta del relativismo moral y la ideología homosexual, dando lugar a lo que más tarde se denominó "homoherejía".[25]

---

24. SOULFORCE, "What Is the Primary Goal of Soulforce?", *Soulforce.org*, consultado Dic. 2003, www.soulforce.org/main/faq.shtml (documentación impresa del sitio web de 2003 en los archivos de la TFP).

25. *Homoherejía*: esta expresión en inglés fue acuñada por el P. Dariusz Oko, Ph.D., en su ensayo "With the Pope Against the Homoheresy" (Con el Papa contra la homoherejía), publicado originalmente por *Theologisches* 42, n.º 9/10 (2012), p. 403-426, donde escribió:

> *"Empecé mi trabajo como una lucha contra una amenaza mortal y externa al cristianismo, pero luego fui descubriendo que la división no es tan sencilla. El enemigo no solo está fuera de la Iglesia, sino también dentro de ella, a veces perfectamente camuflado, como el Caballo de Troya. No solo nos enfrentamos al problema de una*

Un observador directo y bien situado —el entonces padre Joseph Ratzinger, más tarde cardenal y Papa Benedicto XVI— informó sobre esta infiltración. Tras su dimisión papal, cuando estalló el escándalo de los abusos sexuales y la implicación del Vaticano con el caso del excardenal Theodore McCarrick, publicó un extenso estudio en la revista mensual bávara *Klerusblatt* en el que atribuía la crisis de los abusos en la Iglesia predominantemente a la revolución sexual y al colapso de la formación en los seminarios. Según el ilustre autor, el deterioro en la formación sacerdotal llegó hasta el punto de que un obispo, que anteriormente había sido rector de un seminario, ¡hizo ver a los seminaristas películas pornográficas con la intención de hacerlos resistentes a conductas contrarias a la fe! Es más, "en varios seminarios se establecieron grupos homosexuales que actuaban más o menos abiertamente". Este relativismo moral se desarrolló, según él, porque hasta entonces la teología moral se basaba principalmente en la ley natural. Sin embargo, "en la lucha del Concilio por un

---

homoideología y un homolobby fuera de la Iglesia, sino también a un problema análogo dentro de ella, donde la homoideología toma la forma de una homoherejía. (…)
"Por eso, recordando 'reconocerlos por sus frutos' (cf. Mt 7, 16), basados en los acontecimientos públicamente conocidos del último cuarto de siglo, la reacción de la Santa Sede y los documentos que emitió, debemos decir clara, explícita y resueltamente: sí, existe una fuerte clandestinidad homosexual en la Iglesia (al igual que en muchos otros lugares), que —según el grado de implicación de sus miembros, dependiendo de sus palabras y actos— puede denominarse homoherejía, homolobby, homoclub o incluso homomafia" (DARIUSZ OKO, "With the Pope Against the Homoheresy", *Rorate-caeli.blogspot.com*, 16-02-2013, https://rorate-caeli.blogspot.com/2013/02/fr-dariusz-okos-major-article-with-pope.html).

El P. Oko y el jefe de redacción de la revista teológica *Theologisches* fueron condenados por un tribunal alemán por supuesta "incitación al odio" contra los homosexuales en un artículo en el que denunciaba la "mafia de la lavanda" dentro de la Iglesia. El cardenal Gerhard Müller reaccionó a la sentencia del tribunal estableciendo un paralelismo con la persecución de intelectuales polacos durante la época de la ocupación de Polonia por la Alemania nazi y alabando el trabajo del P. Oko como *"un acto valiente que merece el respeto de todas las personas decentes"* (LIFESITENEWS EUROPE, "Cdl. Müller Speaks Out in Defense of Polish Priest Sued by Germany for 'Hate Speech'", *LifeSiteNews.com*, 19-8-2021, https://www.lifesitenews.com/news/cdl-muller-speaks-out-in-defense-of-polish-priest-sued-by-germany-for-hate-speech/).

nuevo entendimiento de la Revelación, la opción por la ley natural fue ampliamente abandonada, y se exigió una teología moral
basada enteramente en la Biblia". "En consecuencia, ya no podía
haber nada que constituya un bien absoluto, ni nada que fuera
fundamentalmente malo".[26]

Sin mencionarlo directamente, quien fuera Benedicto XVI
estaba señalando a su compatriota y colega en la Universidad de
Tubinga, el sacerdote redentorista Bernard Häring, quien, con su
manual titulado *La ley de Cristo*, revolucionó la teología moral
en un sentido personalista en los años previos al Concilio Vaticano II.

26. JOSEPH RATZINGER, "La Iglesia y el escándalo de los abusos sexuales", disponible en *ACI Prensa*, 14-4-2019, https://www.aciprensa.com/noticias/75114/el-documento-de-benedic-to-xvi-sobre-la-iglesia-y-los-abusos-sexuales.

CAPÍTULO 4

Una "quinta columna" teológica abre las hostilidades contra la enseñanza tradicional

Influidos por esta nueva perspectiva, en muy poco tiempo, destacados teólogos moralistas pasaron de impugnar la encíclica *Humanae vitae*, que prohibía los métodos anticonceptivos artificiales, a aprobar descaradamente las relaciones extramatrimoniales y homosexuales.

La primera salva del jesuita John J. McNeill

En los Estados Unidos, el sacerdote jesuita John J. McNeill abrió las hostilidades contra la enseñanza tradicional sobre las relaciones homosexuales en 1970 con tres artículos en la *Homiletic and Pastoral Review*. Cuatro años más tarde, escribió el libro *The Church and the Homosexual* (La Iglesia y la homosexualidad) y batalló durante dos años con sus superiores en Roma y Estados Unidos hasta que obtuvo de su superior provincial el imprimátur para su publicación en 1976.[27] En su obra, el P. McNeill desarrolla tres tesis fundamentales contrarias a la enseñanza tradicional:

---

27. Ver Manuel Rozados Taboada, "La Iglesia y la homosexualidad", *Revista Española de Derecho Canónico*, vol. 35, n.º 102 (1979): p. 531-583, https://summa.upsa.es/high.raw?id=0000005260&name=00000001.original.pdf.

1. "La condición homosexual es conforme a la voluntad de Dios. Dios creó al ser humano de tal manera que su sexualidad no está determinada por su biología".

2. "Dios tuvo un propósito divino al crear la naturaleza humana de tal manera que un cierto porcentaje de seres humanos son homosexuales … provistos de dones especiales y de una tarea divinamente asignada en la construcción de una sociedad verdaderamente humana".

3. "Existe la posibilidad de relaciones homosexuales moralmente buenas y que el amor que une a los partícipes en tal relación, en lugar de alejarlos de Dios, puede ser juzgado como uniéndolos más estrechamente a Dios y como mediación de la presencia de Dios en nuestro mundo".[28]

¿Hace Dios a los homosexuales?

Todos los autores citados en este capítulo asumen o aceptan como argumento implícito la idea de que es Dios quien otorga a una minoría de personas su orientación homosexual, que en su caso no sería "objetivamente desordenada" como enseña el *Catecismo de la Iglesia Católica* (n.º 2358).

Este argumento es falso en la medida en que presupone, al menos en el caso de la homosexualidad, que no hay distinción entre Dios —la Causa Primera de todas las cosas— y las causas segundas que actúan en el universo creado. Sin embargo, esta formulación distorsiona el concepto católico de Providencia, según el cual Dios no es el Autor directo de todo mal físico y moral en el mundo, sino que solo lo permite por

---

28. JOHN J. MCNEILL, *The Church and the Homosexual*, 3ª edición (Boston: Beacon Press, 1988), p. 196-198, consultado 25-5-2024, https://archive.org/details/churchhomosexual00mcne/page/200/mode/2up.

razones de su divina Sabiduría que para nosotros resultan misteriosas. Por tanto, la relación de Dios con los males que afectan a la humanidad no es en ningún caso positiva, sino solo negativa. Esto es cierto tanto para las acciones *libres* como para las *no libres* de las criaturas:

> *"El mal mismo, el pecado, cae* verdadera y propiamente *bajo la providencia de Dios, puesto que no habría ocurrido sin su permiso y asistencia física. ...*
>
> *"Con respecto a las acciones no libres de las criaturas, debemos hablar de la Providencia Divina de un modo semejante. También aquí, aunque Dios las determina y dirige a todas hacia una unidad armónica final, permite que las causas segundas subsistan en sus* imperfecciones *esenciales y accidentales; no impide que se paralicen y que, en muchos casos, no alcancen su ideal (los monstruos). Esto ocurre no solo en los órdenes animal y vegetal, sino también en el humano, y en este último, no solo en el dominio corporal, sino también en el psíquico. ... Aquí también podemos adivinar las razones. Del mismo modo que Dios no quiere interferir en la libertad, tampoco quiere privar a las causas segundas de su propia acción, sino, al contrario, elevarlas a la dignidad de* cooperadoras *(Suma Teológica, I, 22, 3). Las deficiencias que puedan resultar en el ser humano no son de tal naturaleza que impidan al hombre alcanzar su fin último".*[29]

Incluso los estrategas prohomosexuales Marshall Kirk y Hunter Madsen, en *After the Ball* (Después del baile), su "manifiesto homosexual" de 1989, reconocen la influencia de cau-

---

29. Bernhardt Bartmann, *Précis de théologie dogmatique* (Mulhouse: Ed. Salvator, 1941), vol. 1, p. 287.

sas secundarias en el desarrollo de la atracción hacia el mismo sexo: "Argumentamos que, a efectos prácticos, se debe considerar que los homosexuales han *nacido homosexuales*; pese a que la orientación sexual, para la mayoría de los seres humanos, parece ser el producto de una compleja interacción entre predisposiciones innatas y factores ambientales durante la infancia y la adolescencia temprana".[30]

Por lo tanto, sostiene el P McNeill, se debe concluir que las mismas reglas morales se aplican a las actitudes y conductas homosexuales y heterosexuales, es decir, "cualquier relación sexual que implique la explotación de otra persona es inmoral". Por el contrario, "una genuina relación de amor interpersonal" expresa "reciprocidad, fidelidad, generosidad, etc.". Es más, formular cuál debe ser la naturaleza de una "relación homosexual éticamente responsable … es una tarea que necesariamente debe reservarse a la comunidad homosexual cristiana y a su propio discernimiento comunitario de su experiencia".[31]

El escándalo provocado por las ideas del P. McNeill llevó a la Compañía de Jesús a prohibirle hablar públicamente sobre la homosexualidad.

El padre Charles Curran entra en escena

El P. Charles Curran, profesor de teología de la Universidad Católica de América (Washington), publicó en 1971 un artículo en *The Thomist: A Speculative Quarterly Review* titulado *Homosexuality and Moral Theology: Methodological and Substantive*

30. MARSHALL KIRK & HUNTER MADSEN, *After the Ball: How America Will Conquer Its Fear & Hatred of Gays in the '90s* (New York: Doubleday, 1989), p. 184, consultado 24-5-2024, https://archive.org/details/marshall-kirk-hunter-madsen-after-the-ball-how-america-will-conquer-its-fear-hat.

31. MCNEILL, *The Church and the Homosexual*, p. 199.

Considerations (Homosexualidad y teología moral: Consideraciones metodológicas y sustantivas). En él propone una respuesta
intermedia a la cuestión de la moralidad de la actividad homosexual, entre la que la considera inmoral (el enfoque tradicional)
y la de algunos moralistas modernos que creen que "no se debe
deplorar la homosexualidad más que la zurdera" (el enfoque neu-
tral).[32] Este tercer enfoque de compromiso "reconoce que los actos homosexuales son incorrectos, pero también admite que la
conducta homosexual de algunas personas podría no caer bajo
la condena total propuesta en la primera opinión".[33] Admite que
"la homosexualidad en todos los casos no está de acuerdo con
el orden de la creación", pero al mismo tiempo reconoce que a
menudo es imposible cambiar la condición homosexual.[34] Así, el
P. Curran dice estar "casi totalmente de acuerdo con la conclusión
propuesta por [H. Kimball] Jones".[35] Jones, ministro metodista
especializado en psicoterapia pastoral, reconoce explícitamente
"que el comportamiento homosexual en determinadas circunstancias puede ser moralmente aceptable, ya que no hay nada más que
la persona pueda hacer".[36] En consecuencia, señala que la moral
cristiana debería "reconocer la validez de las relaciones homosexuales maduras, animando al invertido absoluto a mantener la
fidelidad a una pareja cuando su única otra opción sería llevar una
vida promiscua llena de culpa y miedo".[37] El P. Curran está totalmente de acuerdo con la valoración de Jones: "La terapia, como
intento de convertir al homosexual en heterosexual, no es muy
prometedora para la mayoría de los homosexuales. El celibato

---

32. CHARLES E. CURRAN, "Homosexuality and Moral Theology: Methodological and Substantive
    Considerations", *The Thomist: A Speculative Quarterly Review*, vol. 35, n.º 3 (julio de 1971),
    p. 463.
33. CURRAN, "Homosexuality and Moral Theology", p. 472.
34. CURRAN, p. 472.
35. CURRAN, p. 475.
36. CURRAN, p. 472.
37. CURRAN, p. 475.

y la sublimación no siempre son posibles, ni siquiera deseables para el homosexual. Existen muchas uniones homosexuales un tanto estables que otorgan a sus parejas cierta realización y satisfacción humanas. Obviamente, tales uniones son mejores que la promiscuidad homosexual".[38]

Como si vislumbrara proféticamente el controvertido capítulo 8 de *Amoris laetitia*, el P. Curran escribe: "En esta situación, que refleja la condición pecaminosa humana de la cual todos participamos de distintas maneras, el individuo homosexual puede llegar moralmente a la conclusión de que una unión homosexual un tanto permanente es la mejor manera, y a veces la única, que tiene de lograr algo de humanidad".[39]

En su siguiente libro de 1972 *Catholic Moral Theology in Dialogue* (La teología moral católica en diálogo), Curran reiteró: "La homosexualidad nunca puede convertirse en un ideal. Se debe intentar superar esta condición si es posible; sin embargo, a veces, uno puede aceptar con renuencia las uniones homosexuales como la única manera en que algunas personas pueden encontrar un grado satisfactorio de humanidad en sus vidas".[40]

El padre André Guindon también promueve las uniones homosexuales estables

Profesor de ética y más tarde decano de la Facultad de Teología de la Universidad de Saint Paul (Ottawa, 1978-1984), el P. André Guindon abrió nuevos caminos con *The Sexual Language: An Essay in Moral Theology* (El lenguaje sexual: Un ensayo de teología moral) en 1976 y más tarde con *The Sexual Creators:*

---

38. CURRAN, p. 479.
39. CURRAN, p. 479.
40. CHARLES E. CURRAN, *Catholic Moral Theology in Dialogue* (Notre Dame, Ind.: Fides Publishers, Inc., 1972), p. 217, consultado 19-5-2024, https://archive.org/details/catholicmoralthe-0000curr_c4f9/mode/2up.

An Ethical Proposal for Concerned Christians (Los creadores sexuales: Una propuesta ética para cristianos preocupados) en 1986.
En estas obras, el P. Guindon desarrolla la idea de que la
actividad sexual debe entenderse como un lenguaje, puesto que
"el cuerpo añade la mediación sensual para transmitir afecto de
una manera que las palabras orales por sí solas no pueden".[41] Sin
embargo, dicho lenguaje no debe seguir normas morales prees-
tablecidas porque "el significado sexual es un logro humano original que tiene que ser reinventado, reformulado y revivido por
cada generación y, en cierta medida, por cada persona humana".[42]
Dicho lenguaje tiene una fecundidad sexual que no se limita a la
procreación porque "la esencia de la intención sexual … busca la
comunión de dos seres enamorados"[43] y, por lo tanto, "en ciertos
casos, el coito prematrimonial es probablemente el mejor proce-
dimiento".[44]

En las relaciones homosexuales, "existe ciertamente una búsqueda de fraternidad. Este es un aspecto positivo que los homosexuales deben desarrollar en sus vidas".[45] Por eso, la continencia
"seguirá siendo siempre un caso excepcional, difícilmente con-
cebible fuera de una vocación de tipo yóguico muy especial".[46]
Por el contrario, el P. Guindon cree que "la mayoría de los homosexuales actúan según lo que es para ellos lo más responsable y
lo más moral que pueden hacer al establecerse con una pareja homosexual y encontrar así una adaptación viable a la vida". Porque
"muchos encontrarán en la amistad homosexual la satisfacción
física, emocional y espiritual necesaria para vivir felices y adap-

---

41. ANDRÉ GUINDON, *The Sexual Language: An Essay in Moral Theology* (Ottawa: The University
of Ottawa Press, 1977), p. 438, consultado 25-5-2024, https://archive.org/details/sexuallan-
guagees0000guin/mode/2up.
42. GUINDON, *The Sexual Language*, p. 36.
43. GUINDON, p. 177.
44. GUINDON, p. 438.
45. GUINDON, p. 340.
46. GUINDON, p. 366.

tarse a la vida social y desarrollar así todas las potencialidades de su personalidad".[47]

La acogida de la pederastia
por el P. Guindon

El P. Guindon va tan lejos en su rechazo de la continencia para las personas atraídas por el mismo sexo que aprueba la efebofilia e incluso la pedofilia. Toma la defensa de un pederasta imaginario que "se siente solo y hambriento de afecto, [y] se atreve a rodear con sus brazos a un niño que juega cerca de él o a acariciarle el pelo, y podrá ser acusado de abuso sexual y violación por una madre o un padre histéricos". El P. Guindon dice que la reacción de los padres lleva "la marca de actitudes posesivas y de una postura acrítica ante los mitos sociales".

"¿Por qué, entonces, la gente suele ser tan brutal en su condena a los pedófilos?", se pregunta cándidamente el P. Guindon. Porque "la gente generalmente se asusta, tanto por el posible trastorno psicológico que podría resultar [para el niño] de la experiencia inquietante, como por la posible determinación homosexual posterior de la ambivalencia sexual del niño". Pero, en su opinión, esto solo ocurre "si tienen algún trastorno emocional previo", o cuando hay "una serie prolongada de contactos pedófilos". Además, "el coito anal es bastante raro: un 4%". En comparación, "la técnica más utilizada por los pedófilos que van más allá de la mera expresión afectiva es la masturbación (45%). La segunda más común es la felación (38%)". Pero, según el P. Guindon, "estas técnicas son menos susceptibles de tener efectos psicológicos nocivos que las estimulaciones genitales recíprocas y elaboradas", y "la mayoría de los estudios recientes

---

47. Guindon, p. 367.

tienden a desmentir que se deriven daños duraderos del propio contacto pedófilo".

Entonces, ¿quién es el culpable del trauma psicológico de un niño? "El pánico familiar, que es la respuesta habitual al incidente". Así, la solución lógica del P. Guindon es ocultar el caso: "El papel del consejero moral en todo esto es ayudar a la familia preocupada a reaccionar humana y no instintivamente ante el supuesto 'abuso sexual' de su hijo".[48]

Este repugnante texto no proviene de algún mentor o activista de la liberación sexual como Herbert Marcuse, Wilhelm Reich o Daniel Cohn-Bendit. ¡Viene de la pluma de un inmundo profesor de ética de una prestigiosa universidad católica que fue premiado dos años después con su nombramiento como decano de la Facultad de Teología! Esto confirma la acusación del anterior Papa, Benedicto XVI, en el artículo mencionado en el capítulo anterior, de que hay que buscar la causa de la crisis de los abusos sexuales del clero en este tipo de escritos. Solamente alguien de mala fe puede afirmar que la raíz de los abusos sexuales del clero está en el celibato o en el fantasma del "clericalismo".

Una obra colectiva patrocinada por la Sociedad Teológica Católica Norteamericana

En 1977, un año después de la publicación del monstruoso texto del P. Guindon, la *Catholic Theological Society of America* encargó al P. Anthony Kosnik la dirección de una obra colectiva sobre *Human Sexuality: New Directions in American Catholic Thought* (Sexualidad humana: Nuevas orientaciones en el pensamiento católico norteamericano).

---

48. GUINDON, p. 373–74.

Los autores parten de la base de que "la Biblia no nos pro-
porciona un simple código de ética sexual de sí o no", y sus afirmaciones deben ser contextualizadas, ya que han sido "causadas
y condicionadas históricamente" por la cultura y no están exentas
de "la influencia de tabúes".[49] También critican a la tradición católica por colocar un fuerte énfasis "en la naturaleza moral objetiva del acto en sí", otorgándole "un significado que es absolutamente inmutable". "Así, la masturbación, cualquier placer sexual
prematrimonial, el adulterio, la fornicación, la homosexualidad,
la sodomía y la zoofilia se consideraban actos intrínsecamente
malos, gravemente inmorales y en ningún caso justificables". Sin
embargo, continúan los autores, los estudios actuales han revela-
do "una diferencia significativa en el valor humano de la actividad sexual que ocurre en un contexto de compromiso afectivo y
esa misma actividad cuando ocurre en un contexto casual o sin
amor".[50]

Partiendo de estas premisas, la obra colectiva disiente de la
moral tradicional y propone, a cambio, "con cierto grado de cer-
teza moral"[51], una orientación pastoral basada en la idea de que
"los homosexuales tienen los mismos derechos al amor, a la intimidad y a relacionarse que los heterosexuales". Así pues, "las
normas que rigen la moralidad de la actividad homosexual son
las que rigen toda actividad sexual, y las normas que rigen la actividad sexual son las que rigen toda actividad ética humana". La
conclusión es que "la moral sexual cristiana no requiere un doble
estándar. ... Los homosexuales, al igual que la mayoría heterosexual, deben examinar y evaluar su comportamiento a la luz de
los mismos valores y según las mismas normas morales para de-

---

49. ANTHONY KOSNIK et al., *Human Sexuality: New Directions in American Catholic Thought*
(New York: Paulist Press, 1977), p. 29-30, consultado 25-5-2024, https://archive.org/details/
humansexualityne00kosn.
50. KOSNIK et al., *Human Sexuality*, p. 88.
51. KOSNIK, 211.

terminar si sus acciones son o no indicativas de las características de una sana sexualidad humana".

¿Cuáles deberían ser los criterios para evaluar estos actos? " Si son o no autoliberadores, enriquecedores para los demás, honestos, fieles, útiles para la vida y gozosos", evitando "la despersonalización, el egoísmo, la deshonestidad, la promiscuidad, el daño a la sociedad y la desmoralización". En este sentido, la práctica pastoral tradicional ha sido contraproducente "al desaconsejar [a los homosexuales] la formación de amistades íntimas o exclusivas". Los homosexuales que viven juntos han sido considerados como personas que viven en ocasión próxima de pecado; se les aconsejaba desistir o, de lo contrario, se les negaba la absolución en el sacramento de la penitencia. Disuadidos de relaciones profundas y duraderas, los homosexuales que se veían incapaces de practicar una continencia completa se vieron arrastrados a multiplicar las relaciones superficiales". Por el contrario, "un pastor o consejero puede recomendar amistades estrechas y estables entre homosexuales, no simplemente como un mal menor, sino como un bien positivo".[52]

Puesto que consideran buenas tales relaciones estables y antinaturales, el P. Kosnik y su equipo promueven una bendición distinta de la bendición nupcial en una formulación muy similar a la de la declaración *Fiducia supplicans*: "Dado que históricamente el matrimonio se ha entendido en términos de una unión heterosexual, nos parece inapropiado y engañoso describir una relación estable entre dos homosexuales como 'matrimonio'. Por tanto, cualquier cosa que parezca una celebración sacramental del matrimonio sería también inapropiada y engañosa. Al mismo tiempo, la oración, incluso la comunitaria, por dos personas que se esfuerzan por vivir cristianamente, encarnando los valores de fidelidad, verdad y amor, no está fuera de las posibilidades pasto-

---

52. KOSNIK, 214-15.

rales de una Iglesia cuya tradición ritual incluye una rica variedad de bendiciones".

Human Sexuality concluye que los homosexuales que conviven pueden recibir la absolución y la Eucaristía: "Los homosexuales cristianos tienen las mismas necesidades y derechos a los sacramentos que los heterosexuales. ... Una duda invencible, de derecho o de hecho, permite seguir una opinión verdadera y sólidamente probable a favor de la libertad. ... A la luz de todas estas consideraciones, puede invocarse una opinión sólidamente probable a favor de permitir a un homosexual la libertad de conciencia y el libre acceso a los sacramentos de la reconciliación y de la eucaristía".[53]

El padre Robert Nugent y la hermana Jeannine Gramick: un dúo problemático

Con su folleto de 1975 titulado *Homosexual Catholics: A Primer for Discussion* (Católicos homosexuales: Manual para el debate), los sacerdotes Robert Nugent y Thomas Oddo y la Hna. Jeannine Gramick siguieron el camino abierto por los PP. McNeill y Curran. Su folleto fue conocido como el "catecismo gay", puesto que imitaba el formato de "preguntas y respuestas" del famoso *Catecismo de Baltimore*. En 1980, se publicó una versión revisada y ampliada, y el subtítulo del folleto cambió a *The New Primer* (El nuevo manual). El propósito del folleto era servir como manual de discusión y formación. O más bien deformación, porque sus respuestas destacan por su ambigüedad, cuando no por la negación de la enseñanza tradicional en favor de una teología más *aggiornata*, que "ha experimentado un cambio desde una moral 'centrada en el acto' a una moral más 'personalista' que, en [su juicio sobre] las decisiones morales, presta más atención a la

---

53. Kosnik, 215-16.

postura moral total de una persona, las circunstancias que rodean la acción y los efectos de las acciones en los demás".[54]

El folleto se pregunta: "¿Puede la Iglesia cambiar su enseñanza oficial sobre la homosexualidad?". En respuesta, los autores dicen que el desarrollo doctrinal de la Iglesia "incluye el establecimiento de una opinión sólidamente probable que va en contra de la enseñanza tradicional en cuestiones no definidas", como habría ocurrido en el planteamiento de la usura, la esclavitud y la guerra justa. Del mismo modo, las experiencias vividas por personas homosexuales católicas pueden ser "una valiosa contribución para establecer una opinión sólidamente probable que influya en cambios de las posturas de la Iglesia sobre la homosexualidad", incluso "antes de que se produzcan cambios en las enseñanzas oficiales de la Iglesia".[55]

Igualmente engañosas son sus respuestas sobre cómo las Sagradas Escrituras enfocan los actos homosexuales. Sodoma fue supuestamente castigada por "la violación de las normas de hospitalidad". La condena a muerte por actos homosexuales en el Levítico (ver 18, 22-29) fue resultado de "la necesidad procreativa del pueblo judío" o un intento de separar a Israel de las prácticas paganas que involucraban ritos de fertilidad.[56] En sus epístolas, san Pablo "está hablando de heterosexuales que se entregan a prácticas homosexuales más que de verdaderas personas homosexuales". Para ellos, tales prácticas serían tan *antinaturales* como "para un homosexual tener un comportamiento heterosexual".[57]

A la pregunta: "¿Deben seguir confesándose las personas homosexuales católicas?", los autores responden que esta obliga-

54. ROBERT NUGENT, JEANNINE GRAMICK y THOMAS ODDO, *Homosexual Catholics: A New Primer for Discussion* (Washington, D.C.: Dignity, Inc., 1980), p. 4.
55. NUGENT, et al., *Homosexual Catholics*, p. 7-8.
56. NUGENT, p. 11.
57. NUGENT, p. 12.

ción solo se aplica a quienes "se adhieren estrictamente a la enseñanza actual de la Iglesia", pero no a quienes "intentan integrar
su orientación sexual en el conjunto de su vida cristiana". Únicamente deberían confesarse "por haber violado libremente en una
materia grave el compromiso básico u 'opción fundamental' de
vivir una vida de amor abnegado a la manera de Jesucristo".[58]

Respecto a la celebración litúrgica de las uniones homosexuales, los PP. Nugent y Oddo y la Hna. Gramick adoptan la
postura radical del *National Center for Gay Ministry*, que, en su
folleto *Ministry USA* (1971), sugiere: "Eventualmente, los matrimonios homosexuales podrían ser parte de las celebraciones
litúrgicas de la comunidad gay y, con el tiempo, incluso dentro de
la comunidad parroquial tradicional".[59]

En 1983, el P. Robert Nugent dirigió la publicación de una
obra colectiva titulada *A Challenge to Love: Gay and Lesbian
Catholics in the Church* (Un desafío al amor: Católicos gays y
lesbianas en la Iglesia). Incluía una introducción de Mons. Walter
F. Sullivan, obispo de Richmond, Virginia (EE. UU.), y contribuciones del P. John McNeill, la Hna. Jeannine Gramick, Matthew
Fox (un exdominico expulsado de la Orden) y otros trece autores.
La contribución del P. Daniel Maguire se tituló significativamen-
te "La moralidad del matrimonio homosexual".

James Hanigan, en su reseña del libro, lo califica acertadamente como "una obra de apología": "La homofobia, el capita-
lismo y el patriarcado son los enemigos … la orientación homosexual ya no es problemática, sino un don de Dios para curar las
heridas del mundo … la norma para juzgar los actos y relaciones
sexuales ya no es su finalidad unitiva-procreadora, sino la calidad

---

58. Nugent, p. 14.
59. Nugent, p. 17.

personal de la relación ... los homosexuales practicantes pueden ser admitidos en la Eucaristía".[60]

Esta ofensiva académica tuvo como resultado que el *New Dictionary of Theology* (Nuevo Diccionario de Teología), publicado en EE. UU. en 1987, afirmara que la Biblia no condena la actividad homosexual excepto cuando involucra violación, tiene connotaciones idolátricas o viola las exigencias de la hospitalidad.

En 1992, el P. Nugent y la Hna. Gramick reiteraron su desacuerdo con la doctrina católica tradicional en el libro *Building Bridges: Gay & Lesbian Reality and the Catholic Church* (Construyendo puentes: La realidad gay y lesbiana y la Iglesia Católica), con un prólogo del P. Charles Curran. Veinticinco años después, el título de su libro inspiró el del P. James Martin, que utilizó la metáfora en singular, lo que no requiere mucha imaginación: *Building a Bridge: How the Catholic Church and the LGBT Community Can Enter Into a Relationship of Respect, Compassion, and Sensitivity* (Construyendo un puente: Cómo la Iglesia Católica y la comunidad LGBT pueden entablar una relación de respeto, compasión y sensibilidad).

En Europa, la agenda homosexual se propaga desde los Países Bajos

En Europa, los Países Bajos fueron pioneros en la promoción de la agenda prohomosexual en la sociedad y la Iglesia Católica. Desde 1946, la oficialmente denominada Asociación Holandesa de Homófilos, que también incluía a lesbianas, ha estado en actividad. Anteriormente había operado bajo el disimulado nombre de *Cultuur en Ontspanningscentrum* - COC (Centro de Cultura y

---

60. JAMES P. HANIGAN, *Review of A Challenge to Love: Gay and Lesbian Catholics in the Church*, ed. Robert Nugent, *Horizons*, vol. 11, n.º 1 (1984): pp. 203-204, https://doi.org/10.1017/S0360966900033508.

Esparcimiento). En 1958, sacerdotes católicos y psiquiatras abrieron un centro de ayuda para homosexuales en Amsterdam, entonces el espacio homosexual más libertino de Europa. En 1961, publicaron un folleto (A. F. C. OVERING et al., *Homosexualiteit*, Pastorale Cahiers, 1961, vol. 3) en el que hacían un cauto llamamiento a la aceptación. Más tarde, el franciscano J. Gottschalk, uno de los animadores del centro de ayuda, contribuyó como teólogo a la obra colectiva ecuménica *The Church and Homosexuality* (La Iglesia y la homosexualidad), publicada en 1973.

Anteriormente, en 1968, el sacerdote capuchino Herman van de Spijker había publicado el libro titulado *Die gleichgeschlechtliche Zuneigung. Homotropie: Homosexualität, Homoerotik, Homophilie, und die katholische Moraltheologie* (Atracción por el mismo sexo. Homotropía: Homosexualidad, homoerotismo, homofilia y teología moral católica), una adaptación de su tesis doctoral en la Universidad de Würzburg; seguida cuatro años más tarde por *Homotropie: Menschlichkeit als Rechtfertigung. Überlegungen zur gleichgeschlechtlichen Zuneigung* (Homotropía: La humanidad como justificación. Consideraciones sobre la atracción hacia personas del mismo sexo), que tuvo una versión en español titulada *Homotropía: Inclinación hacia el mismo sexo*, de la que extraemos las ideas principales.

Dentro de un marco conceptual freudiano ("ego", "superego", "personalización" y "sublimación" del instinto sexual), el P. van de Spijker utiliza un pasaje de la *Suma Teológica* en el que santo Tomás de Aquino afirma que el placer del comercio sexual entre hombres puede ser natural para ellos, por razón de una cierta corrupción de la naturaleza, como en el caso de una persona con fiebre que encuentra dulce el alimento amargo. De ahí el P. van de Spijker deduce que, aunque los actos homosexuales no corresponden al orden de la Creación, "corresponden, sin embargo, a la naturaleza concreta y fáctica del hombre homótropo, y son por consiguiente en alguna manera naturales [para él]".[61] El P. van de Spijker va incluso más lejos que los teólogos y consejeros pastorales estadounidenses que favorecen las uniones monógamas estables para evitar la promiscuidad, ya que encuentra aspectos positivos incluso en "el fugaz encuentro vespertino entre dos hombres homótropos en el parque de una ciudad, en el cual los dos se satisfacen mutuamente. ... Siempre tiene lugar —por muy débil que sea— una comunicación, está presente un momento de simpatía" que sirve "como un medio de tranquilizar y dar reposo a tensiones personales" y "como una salida de la vitalidad a fin de lograr una existencia más relajada". Incluso pueden "contribuir mucho a la maduración de una persona". En cualquier caso, "con mucha frecuencia es únicamente la persona en cuestión quien puede estimar su situación total, su naturaleza concreta, su carácter único e irrepetible".[62]

Contrariamente a santo Tomás, para quien la atracción homosexual es una corrupción de la naturaleza, para el P. van de Spijker la homosexualidad es una vocación divina dotada de carismas propios: "Este es el lugar de plantearse la cuestión de si a la homotropía no se le podría y debería dar un sentido propio y un contenido especial. ¿En qué medida esta peculiaridad antropológica es una determinación dada por Dios y dirigida por la naturaleza a una tarea vital concreta y específica? Una teología de la vocación y de los carismas tiene aquí mucho que desvelar".[63]

Estas cuestiones probablemente se abordaron en los debates celebrados en parroquias y grupos católicos a partir de 1979 por el Consejo Católico para la Iglesia y la Sociedad, un organismo de la Conferencia Episcopal de los Países Bajos, que publicó el documento titulado *Homosexual Persons in Society* (Las personas homosexuales en la sociedad).

---

61. HERMAN VAN DE SPIJKER, *Homotropía: Inclinación hacia el mismo sexo* (Madrid: Sociedad de Educación Atenas, 1976), p. 36.
62. VAN DE SPIJKER, *Homotropía*, p. 44-45.
63. VAN DE SPIJKER, p. 51.

El cardenal Daneels guardó silencio mientras la mayor revista católica de Flandes contribuía a acoger la pederastia

Durante mucho tiempo, *Kerk en Leven* fue la revista semanal de mayor tirada en Flandes (más de medio millón de ejemplares). Se publicaba bajo la supervisión de la jerarquía flamenca.

En su edición del 9 de agosto de 1984, publicó un anuncio en el que se presentaban las actividades del "Grupo de trabajo ecuménico sobre la pedofilia". Este grupo existía desde hacía varios años y estaba formado por católicos y protestantes. Los objetivos del grupo incluidos en el anuncio eran los siguientes:

"Este grupo de trabajo desea sensibilizar a las iglesias acerca del fenómeno de la pedofilia, transmitir información y combatir los prejuicios.

"Al mismo tiempo, el grupo de trabajo pretende llegar a conocer todo lo que ocurre en el ámbito de la pedofilia.

"Por último, el grupo de trabajo desea crear un lugar de encuentro entre pedófilos para fomentar el intercambio de ideas y animarse mutuamente".

El tratamiento favorable a la pedofilia por parte del grupo quedaba muy claro en la frase inmediatamente siguiente: "Todos aquellos que deseen aprender más sobre la pedofilia y los pedófilos son bienvenidos, siempre que lo hagan con apertura, respeto y confianza".

El anuncio mencionaba además que, con el inicio de la nueva temporada, el P. Jozef Barzin, un conocido párroco de Amberes, participaría en las actividades del grupo.

En octubre del mismo año, una madre preocupada envió una carta al cardenal Godfried Daneels, arzobispo de Malinas-Bruselas, quejándose del material ofrecido en el anuncio, que ella había recibido del Grupo Ecuménico de Trabajo sobre Pedofilia. Su carta quedó sin respuesta. He aquí algunas citas que la escandalizaron especialmente:

— *"Si su hijo o hija siente que el vínculo con el pedófilo es bueno, no destruya ese vínculo".*

— *"La reacción del entorno suele ser más dañina que las ocurrencias en sí".*

— *"Muchos cristianos convencidos pueden aprender algo de los pederastas".*

— *"Es preferible que se establezca una relación de confianza entre el pederasta y los padres".*

_____

* "De allesbehalve katholieke Kerkin Vlaanderen", *Rechts Actueel*, 21-1-2014, consultado 26-5-2024, https://web.archive.org/web/20171230225903/https://re-act.be/2014/01/21/de-allesbehalve-katholieke-kerk-in-vlaanderen/.

Al parecer, el cardenal Daneels permitió que las cosas siguieran así. Veintiséis años después, en abril de 2010, descubrió que un amigo, Mons. Roger Vangheluwe, obispo de Brujas, había abusado sexualmente de un sobrino durante trece años, desde que el niño tenía apenas cinco años de edad. Tal vez inspirado por las recomendaciones del Grupo de Trabajo Ecuménico sobre la Pedofilia antes citadas, en una reunión entre el depredador, la víctima y la familia de esta, el cardenal

Daneels intentó convencer al joven abusado de que guardara silencio.

Aunque el escándalo se hizo público una o dos semanas después, el Papa Francisco redujo al estado laical a Roger Vangheluwe recién en marzo de 2024.

El mismo torbellino intelectual se produjo en el resto de Europa Occidental en la década de 1970. Por ejemplo, en 1975, el sacerdote y psicoanalista francés Marc Oraison, dos de cuyas obras fueron incluidas en el *Índice* de libros prohibidos, publicó su obra *La Question homosexuelle* (La cuestión homosexual). En Irlanda, el redentorista Ralph Gallagher escribió en 1979 un artículo para la revista *The Furrow* titulado "Understanding the Homosexual" (Comprender al homosexual). En 1981, el redentorista español Marciano Vidal dirigió la publicación de una obra colectiva titulada *Homosexualidad: ciencia y conciencia.*

La contribución de la
Teología de la Liberación *Queer*

En su "catecismo gay", los PP. Nugent y Oddo y la Hna. Gramick abordan la cuestión de cuál es la actitud pastoral correcta hacia las personas de orientación homosexual y responden que debe tener los siguientes objetivos: "una sana autoaceptación y amor propio y una vida de expresión sexual cristiana responsable en el contexto de la orientación homosexual y de las responsabilidades y desafíos que se derivan de esa particular realidad humana". Y añaden: "El paradigma de esta postura es el movimiento de la 'teología de la liberación' en la Iglesia, donde los grupos empiezan a reflexionar sobre sus propias experiencias vividas, articulan autodefiniciones y engendran un sentimiento de orgullo como individuos y como grupo, responsables de sus propias vidas y de sus contribuciones a la sociedad en general y a la comunidad eclesial".[64]

De hecho, además de los análisis económicos, sociales, raciales y culturales, las nuevas teologías de la liberación explotan también los factores morales y psicológicos, adoptando nuevas tendencias en boga: homosexuales, feministas y de género. La causa homosexual es, en efecto, un elemento importante de la Revolución global.

Mario Mieli (1952-1983), fundador del F.U.O.R.I. (Frente Unitario Homosexual Revolucionario Italiano) explica: "La liberación gradual de las tendencias eróticas reprimidas fortalecerá aún más el movimiento revolucionario. … No podemos imaginar la importancia de la contribución hecha a la revolución y a la emancipación humana por la progresiva liberación del sadismo, el masoquismo, la pederastia, la gerontofilia, el bestialismo, el autoerotismo, el fetichismo, la escatología, el ondinismo, el exhibicionismo, el voyeurismo, etc.".[65]

El horizonte homosexual no es nuevo en la Teología de la Liberación. El canadiense Guy Ménard, profesor de estudios religiosos en la Universidad de Quebec, fue sin duda un pionero. En 1980, escribió *De Sodome à l'Exode: Jalons pour une théologie de la libération gaie* (De Sodoma al Éxodo: Hitos para una teología de la liberación gay). Algunos grupos de "homosexuales católicos", entre ellos el Foro Europeo de Cristianos Homosexuales, asistieron a la conferencia internacional de teólogos de la liberación celebrada en Madrid en setiembre de 1989. Se dedicó una mesa redonda a los "grupos y sectores marginados en la Iglesia". La idea era encontrar nuevos "grupos marginados" que sustituyeran el papel de los pobres en la antigua Teología de la Liberación,

---

64. Nugent, *Homosexual Catholics*, p. 7.
65. Claudia Pilato, "Dall'omosessualità alla pedofilia: sullo scivolo della rivoluzione sessuale", *Tradizione Famiglia Proprietà* (octubre de 2013), p. 18, consultado 25-5-2024, https://issuu.com/tradizionefamigliaproprieta/docs/tfpottobre2013.

e incluía a los homosexuales, considerados ahora como "proletarios morales". La conferencia principal corrió a cargo del padre Emili Boils, quien afirmó: "Soy homosexual por naturaleza y por la gracia de Dios. ... Soy sacerdote porque soy homosexual". El sacerdote continuó denunciando "los veinte siglos de marginación social y religiosa, de opresión de todo tipo que ha sufrido mi pueblo". Y concluyó con una amenaza: "Debemos prepararnos para la guerra, nuestra propia *intifada*".[66]

En años posteriores, al aplicar las categorías de la Teología de la Liberación a homosexuales y lesbianas —considerados "oprimidos" y necesitados de "liberación"—, teólogos católicos y protestantes desarrollaron la teología de la liberación *gay*, lesbiana y *queer*. La expresión *teología queer* fue acuñada en 1994 por Robert Goss en su libro *Jesus Acted Up: A Gay and Lesbian Manifesto* (Jesús se portó mal: Manifiesto de gays y lesbianas). La teología *queer* parte del supuesto de que la inconformidad de género y la conducta homosexual son una constante en la historia. Lo que hace falta es descubrir las "estructuras de opresión" que han pesado históricamente sobre estas categorías y proclamar su "liberación".[67]

---

66. JULIO LOREDO, "Homosexualidad y Teología de la Liberación", *Covadonga informa* (Madrid, mayo de 1990), p. 8-9, consultado 25-5-2024, https://issuu.com/nestor87/docs/covadonga_informa_1986_1990. Para las actas escritas de la conferencia, ver JOAQUÍN RUIZ-GIMENEZ, ed., *Iglesia y derechos humanos: IX Congreso de teología* (Madrid: Evangelio y Liberación, 1989).

67. Ver JOHN J. MCNEILL, *Scommettere su Dio, teologia della liberazione omosessuale* (Casale Monferrato: Edizioni Sonda, 1994); PATRICK S. CHENG, *Radical Love: An Introduction to Queer Theology* (New York: Church Publishing, 2011); ROBERT E. GOSS, *Take Back the Word: A Queer Reading of the Bible* (Boston: The Pilgrim Press, 2000); GARY DAVID COMSTOCK, *Gay Theology Without Apology* (Cleveland, Oh.: The Pilgrim Press, 1993); J. MICHAEL CLARK, *A Place to Start: Toward an Unapologetic Gay Liberation Theology* (Monument, Colo.: Monument Publishing, 1989).

América Latina no se queda al margen de la ofensiva prohomosexual

En 1967, la revista *Vozes*, editada por los franciscanos de Petrópolis, estado de Río de Janeiro, publicó un artículo del redentorista holandés Jaime Snoek, que vivía en Brasil, titulado "Eles também são da nossa estirpe: Considerações sobre a homofilia" (Ellos también son de nuestra estirpe: Consideraciones sobre la homofilia). En este artículo acerca de la práctica homosexual, afirmaba que, en la medida en que promovía un amor oblativo en las personas implicadas, no podía calificarse *a priori* de inmoral o contraria a la naturaleza.

Edições Loyola, de los padres jesuitas, publicó en 1985 una traducción del libro dirigido por Marciano Vidal, mientras que *Vozes* publicó *Sexualidade, libertação e fé: Por uma erótica cristã* (Sexualidad, liberación y fe: por una erótica cristiana), de la teóloga feminista y de la liberación Rose Marie Muraro, discípula del obispo Helder Câmara y del exfraile franciscano Leonardo Boff. En 2005, el Congreso Nacional del Brasil concedió a Muraro el título de "Matrona del feminismo brasileño". En 1988, *Perspectiva Teológica*, otra revista vinculada a los jesuitas, publicó "Homosexuales y ética de la liberación", de Bernardino Leers, franciscano holandés residente en Brasil. Dos años más tarde, la editorial vinculada al Santuario de Nuestra Señora de Aparecida publicó un folleto con el artículo "Comprender al homosexual", del antes mencionado redentorista irlandés Raphael Gallagher.

CAPÍTULO 5

Los homosexuales católicos salen del armario e influyen en el debate

Esta quinta columna teológica dentro de las filas católicas sirvió de justificación para crear grupos liderados principalmente por sacerdotes y religiosas para promover la causa homosexual dentro de la Iglesia, bajo el pretexto de la atención pastoral a las personas atraídas por el mismo sexo.

El 11 de febrero de 1971, el P. Patrick Nidorf, sacerdote agustino y psicólogo de San Diego (EE. UU.), inició reuniones mensuales de autoayuda para homosexuales y lesbianas en el sótano de la iglesia de San Brendan de Los Ángeles y bautizó al grupo con el nombre de *Dignity*. Su primera constitución, "redactada en mayo de 1970, sostenía que 'la homosexualidad es una variante natural del uso del sexo' y que gays y lesbianas podían estar orgullosos de sus experiencias 'responsables y satisfactorias' de intimidad sexual".[68] El arzobispo local censuró la iniciativa porque el grupo afirmaba la bondad de las relaciones entre personas del mismo sexo y celebraba las "identidades" homosexual y lesbiana.

---

68. JASON STEIDL JACK, "Remembering revolutionary Pax Nidorf, who founded LGBT ministry DignityUSA", *National Catholic Reporter*, 11-4-2023, https://www.ncronline.org/opinion/guest-voices/remembering-revolutionary-pax-nidorf-who-founded-lgbt-ministry-dignityusa.

El P. Nidorf cedió entonces el liderazgo a los laicos. Fue el primer grupo de este tipo en la Iglesia Católica en Estados Unidos. En 1974, el P. Robert Nugent y la Hna. Jeannine Gramick asumieron el cargo de capellanes de *Dignity*. Sin abandonar ese puesto, tres años más tarde ambos cofundaron un grupo similar llamado *New Ways Ministry*. El nombre se inspiró en una frase de la carta pastoral del obispo Francis J. Mugavero a sus fieles de la diócesis de Brooklyn, Nueva York, titulada *Sexuality - God's Gift* (Sexualidad: un don de Dios). En dicha carta pastoral, Mons. Mugavero garantizaba la voluntad de la jerarquía eclesiástica de intentar encontrar "nuevas vías" (*new ways*) de evangelización que liberen a los homosexuales de la discriminación.

Grupos similares, algunos proclamándose católicos y otros ecuménicos, han brotado como setas en muchos países. Entre otros, cabe mencionar *David & Jonathan* (Francia, 1972), *Acceptance* (Australia, 1972), *Quest* (Reino Unido, 1973), *Communauté du Christ libérateur* (Bélgica, 1974) y *Homosexuelle und Kirche* (Alemania, 1977).

En 2003 se creó la Coordinadora de Grupos Homosexuales Cristianos de Italia (C.O.C.I.) para interconectar a los diversos grupos de homosexuales cristianos activos en ese país. Varios grupos de homosexuales católicos, como *Ali d'Aquila* y *Cristiani LGBT*, "salieron del armario" y tomaron parte en los desfiles del "Orgullo LGBT". "Si no se disuelven las barreras de la mente, a las del corazón les será difícil. Por eso, durante muchos siglos, a nuestra Iglesia le costó aceptar el amor homosexual", declaró el teólogo Vito Mancuso en el Foro de Cristianos Homosexuales celebrado en mayo de 2012 en la casa de los Padres Somascos de Albano (Roma), a petición de voluntarios del Proyecto Gionata.[69]

---

69. PASQUALE QUARANTA, "Chiesa e omosessualità, intervista a Vito Mancuso", *Liberstef.myblog. it*, 8-5-2012. Para el texto completo del discurso de Mancuso, véase PROGETTO GIONATA, "Il teologo Mancuso e le prospettive teologiche sull'amore omosessuale e il suo esercizio mediante l'affettività", Progetto Gionata, 27-4-2012.

En Brasil, el primer grupo organizado de personas que se identificaban como "católicos LGBT" surgió en 2007, en Río de Janeiro, y adoptó el nombre de *Diversidad Católica*. Inspiró la fundación de varios grupos similares en todo el país. En 2014, se creó la *Red Nacional de Grupos Católicos LGBT*. Actualmente está formada por más de veinte grupos y forma parte de la *Global Network of Rainbow Catholics* (GNRC), una red global de "católicos arcoíris" de todo el mundo, creada en Roma durante la semana inaugural del Sínodo sobre la Familia en octubre de 2015.

Estos grupos prohomosexualidad que se identifican como católicos o cristianos sirven de compañeros de viaje del movimiento homosexual. Participan en sus campañas y eventos, como en los desfiles del "Orgullo LGBT" y hacen suyas todas sus reivindicaciones, especialmente el reconocimiento legal de las uniones antinaturales. Pero su principal objetivo táctico es ayudar a derribar las barreras de horror y repudio que el *sensus fidei* de los católicos levanta como defensa psicológica contra las relaciones antinaturales y depravadas. Al romper esas barreras, estos grupos favorecen la "revolución moral destinada a cambiar la visión de la gente sobre la homosexualidad", como lo menciona John Varnell.

Una de las principales estrategias de la propaganda homosexual es alentar a "salir del armario" a quienes viven en parejas contra natura o llevan una vida sexual desenfrenada. En el libro *After the Ball* (Después del baile), publicado en 1989, Marshall Kirk y Hunter Madsen abogan por "un programa de propaganda descarada, firmemente basado en principios de psicología y publicidad establecidos desde hace mucho tiempo".[70]

Uno de los principales aspectos del programa es "insensibilizar, bloquear y/o convertir"[71] al sector centrista de la población y, al mismo tiempo, "estimular al mayor número posible de ho-

---

70. KIRK & MADSEN, *After the Ball*, p. xxvi.
71. KIRK & MADSEN, p. 173.

mosexuales y lesbianas de todas las clases sociales y profesiones —especialmente a las "celebridades"—, a manifestarse como tales. Eso crea inseguridad en el rechazo público a la homosexualidad".[72]

Un estudio publicado en Brasil corrobora esta estrategia. La investigadora Cristiana de Assis Serra, en su tesis de maestría titulada *"Viemos pra comungar": Estratégias de permanência na Igreja desenvolvidas por grupos de "católicos LGBT" brasileiros e suas implicações* ("Vinimos para comulgar": Estrategias de permanencia en la Iglesia desarrolladas por grupos de "católicos LGBT" brasileños y sus implicaciones) dedica toda una sección al tema: "La (doble) salida del armario como apropiación del espacio y subversión del orden". En él, la autora explica que, al elegir el nombre del grupo y su página web, los fundadores de *Diversidad Católica* en la ciudad de Río de Janeiro optaron por un "aumento gradual de la visibilidad": "Si su nombre por sí solo ya constituía una 'salida del armario', aunque 'abriendo la puerta' lentamente, el eslogan que encabezaba la página de inicio del sitio web la dejaba bien abierta: 'Para que los gays vivan su vocación y dignidad de hijos de Dios en la Iglesia y en la sociedad'".

Según la investigadora, el resultado es que "al autoidentificarse como 'diversos', aquellos hasta ahora considerados 'excluidos' se hacen visibles en su materialidad, dentro y no fuera del campo religioso", desmintiendo así "la supuesta uniformidad del campo católico".

En contraste con el anterior "ocultamiento temeroso y miedo a la exposición involuntaria", *Diversidad Católica* "se hace visible y deliberadamente se autodenomina como un 'movimiento de católicos homosexuales practicantes'", subvirtiendo el jerárquico

---

72. Comisión de Asuntos Americanos de la TFP, *¡Defendamos la familia! Por qué debemos oponernos al "matrimonio" entre personas del mismo sexo y al movimiento homosexual* (Lima: Tradición y Acción por un Perú Mayor, 2011), p. 58.

y verticalizado "orden clerical que había prevalecido hasta entonces y legitimado a quienes detentaban el poder para definir lo 'bueno' y lo 'malo', la 'norma' y su 'desviación', la 'inclusión' y la 'exclusión'".[73]

Un ejemplo paradigmático de esta estrategia subversiva fue la salida del armario de la primera figura pública holandesa, el novelista y poeta Gerard Kornelis van het Reve (alias Gerard Reve), quien, en una entrevista para la televisión nacional en 1963, habló de su orientación sexual. Al mismo tiempo, se convirtió del ateísmo al catolicismo y fue bautizado en 1966, a pesar de que el año anterior había sido acusado de blasfemia por haber escrito que la próxima encarnación de Dios sería en forma de burro, con el que él, Gerard, tendría relaciones anales. En 1968, la corte suprema de los Países Bajos le absolvió, y al año siguiente se le concedió el Premio de literatura holandesa.

Tres meses más tarde, la prestigiosa Sociedad de Literatura Holandesa organizó un homenaje público, transmitido en directo por la televisión nacional, que tuvo lugar en una iglesia católica de Amsterdam. El show terminó con el autor caminando saliendo por el pasillo de la iglesia de la mano de su entonces novio. "Dos semanas después de 'el mayor espectáculo en una iglesia', Van het Reve participó en una mesa redonda sobre 'emociones acerca de la homofilia', organizada por el Colegio Católico de Teología y Pastoral. En esta ocasión, expresó su pesimismo sobre la aceptación social de la homosexualidad, pero se mostró bastante optimista sobre la evolución del catolicismo holandés: 'Parece que la Iglesia reconocerá las relaciones homófilas monógamas'. El profesor universitario de ética concordó, e instó a los párrocos

---

73. CRISTIANA DE ASSIS SERRA, *"Viemos pra comungar": Estratégias de permanência na Igreja desenvolvidas por grupos de "católicos LGBT" brasileiros e suas implicações* (Tesis de maestría, Universidade do Estado do Rio de Janeiro, 2017), p. 107-111, consultado 26-5-2024, https://www.diversidadesexual.com.br/wp-content/uploads/2013/04/Cat%C3%B3licos-LGBT-Cristiana-Serra.pdf.

a que accedieran si una pareja homófoba solicitaba la 'santifica-
ción' de su relación; un llamamiento que no pasó desapercibido
para la prensa".[74]

---

74. David J. Bos, "'Equal rites before the law': religious celebrations of same-sex relationships
in the Netherlands, 1960s-1990s", *Theology & Sexuality* vol. 23, n.º 3 (2017): p. 197, https://
www.tandfonline.com/doi/full/10.1080/13558358.2017.1351123.

CAPÍTULO 6

La Iglesia atrapada entre las brutales tenazas del desafío y el chantaje

L a presión combinada del movimiento homosexual dentro y fuera de la Iglesia se ejerce principalmente mediante el desafío y el chantaje.

El desafío pretende denunciar la doctrina católica y a sus autoridades a través de casos que acaparan la atención y que son difundidos por los grandes medios de comunicación, en los que los activistas homosexuales aparecen como víctimas. Esto crea en el público la idea de que la doctrina de la Iglesia y sus autoridades son discriminatorias y ofensivas contra unas buenas personas cuyo único inconveniente es la atracción hacia su mismo sexo.

Holanda fue el primer país en el que los miembros de la jerarquía católica sufrieron un ataque sistemático con esta técnica de confrontación. En 1979, el obispo de Roermond, Mons. Joannes Gijsen, declaró que quienes llevaran un estilo de vida homosexual no debían acudir a la iglesia ni presentarse para recibir los sacramentos. "Miles de activistas homosexuales y lesbianas se manifestaron contra el obispo el sábado anterior a la Pascua, al que apodaron 'Sábado Rosa'".[75]

---

75. Bos, "Equal Rites", p. 193.

El primer ejemplo internacional de esta estrategia fue el movimiento *Rainbow Sash* (Fajín Arco Iris),[76] que nació en Inglaterra, donde Nick Holloway fue el primer homosexual católico en llevar un fajín arco iris durante una misa. Del Reino Unido se extendió a Australia, donde Mons. George Pell, arzobispo de Melbourne, se negó en 1997 a dar la sagrada comunión durante la misa a dos católicos abiertamente homosexuales, uno de los cuales era sacerdote.

En respuesta, en la misa del domingo de Pentecostés del año siguiente, un grupo de setenta personas ataviadas con fajas arco iris se presentaron de forma ostentosa para comulgar, a lo que el arzobispo Pell se negó, algo que hizo valientemente en aquella ciudad en otras diez ocasiones. Después de su traslado a la arquidiócesis de Sidney, en la primera fiesta de Pentecostés, un grupo de unos veinte homosexuales se presentó a comulgar, creando un incidente ampliamente reportado en los medios de comunicación. Inmediatamente después de la misa, Michael Kelly, portavoz de *Rainbow Sash* y antiguo seminarista franciscano, reveló a la multitud el objetivo táctico de aquel desafío: "Estamos aquí para romper el código de silencio e invisibilidad que la Iglesia ha impuesto a homosexuales y lesbianas como su precio por participar en la Iglesia durante tantos siglos".[77]

El movimiento se extendió de Australia a Estados Unidos. Los líderes del movimiento justificaron la elección de Pentecostés para sus acciones y enfrentamientos alegando que el Espíritu Santo distribuyó una gran diversidad de dones en esa ocasión, incluida la homosexualidad. Si les negaban la comunión, volvían a sus bancos y permanecían de pie en señal de protesta.

---

76. Ver WIKIPEDIA, COLABORADORES DE, "Rainbow Sash Movement", *Wikipedia, The Free Encyclopedia,* consultado 26-5-2024, https://en.wikipedia.org/w/index.php?title=Rainbow_Sash_Movement&oldid=1160411803.

77. "Pell lashes out after gays refused communion", *The Sydney Morning Herald,* 20-5-2002, https://www.smh.com.au/national/pell-lashes-out-after-gays-refused-communion-20020520-gdfakf.html.

En 2005, ante la proliferación de enfrentamientos organiza-
dos por *Rainbow Sash,* el secretario del cardenal Francis Arinze,
entonces prefecto de la Congregación para el Culto Divino, escribió en nombre del cardenal que "los portadores del fajín arco iris
... están mostrando su oposición a la enseñanza de la Iglesia sobre
un tema importante de la ley natural, por lo que se descalifican a
sí mismos para recibir la sagrada comunión".[78] Al año siguiente, el
propio cardenal reafirmó su negativa en una entrevista con EWTN:

> *"Estas personas que llevan el fajín arco iris en realidad
> están diciendo: 'Somos homosexuales, tenemos la intención
> de seguir siéndolo y queremos recibir la Sagrada Comunión'.*
>
> *"El Catecismo de la Iglesia Católica ... dice que no se
> condena a una persona por tener tendencia homosexual. No
> condenamos a nadie por eso. Pero se condena a una persona
> por actuar en consecuencia".[79]*

Desgraciadamente, en la práctica, muchos sacerdotes y ministros de la eucaristía carecieron del mismo valor que los cardenales Pell y Arinze. Peor aún, algunos obispos les invitaron a
acudir con sus pancartas a las misas en sus catedrales. Por ejemplo, poco antes de la fiesta de Pentecostés de 2005, el director de
relaciones con los medios de comunicación de la arquidiócesis
de Los Ángeles contactó al animador del movimiento *Rainbow
Sash* en Estados Unidos para informarle, en nombre del cardenal
Roger Mahony, de que "los miembros del movimiento *Rainbow
Sash* que acudan a la catedral de Nuestra Señora de los Ángeles este domingo serán muy bienvenidos a asistir a cualquiera de
nuestras misas".[80]

78. Matt Abbott, "The 'Rainbow Sash Movement' Controversy", *Catholic Online*, consultado
    26-5-2024, https://www.catholic.org/featured/headline.php?ID=2121&page=2.
79. "Rainbow Sash Members to Disrupt Masses Across US, Again", *Catholic Exchange*, 26-5-2007,
    https://catholicexchange.com/rainbow-sash-members-to-disrupt-masses-across-us-again/.
80. Terence Weldon, "Rainbow Sash Movement", *QueeringtheChurch.wordpress.com*,
    6-3-2010, https://queeringthechurch.wordpress.com/2010/03/06/rainbow-sash-movement/.

Otro ejemplo de esta técnica de desafío, de enorme repercusión mediática, fue el incidente provocado por Barbara Johnson, una lesbiana estadounidense residente en Maryland. Su madre, feligresa de la iglesia de San Juan Neumann, falleció en 2012, una semana después de la aprobación del "matrimonio" homosexual en aquel estado. Johnson entró en la sacristía con su pareja lesbiana inmediatamente antes de la misa de exequias y contó al joven celebrante que ambas llevaban diecinueve años viviendo juntas. Su espontánea declaración de vivir en pecado público obligó al joven vicario parroquial a negarle discretamente la comunión durante la misa. Ella protagonizó un escándalo al comulgar de manos de un ministro laico que estaba distribuyendo la Sagrada Eucaristía a otra fila. Ante aquel agravio, el joven sacerdote se negó a acompañar al cortejo fúnebre hasta el cementerio.[81]

El incidente provocó un escándalo mediático nacional en el que el sacerdote fue presentado como el villano. Por el contrario, el ministro laico de la Eucaristía y otros asistentes católicos simpatizaron inmediatamente con la hija lesbiana y fueron presentados como héroes. También lo fue el párroco. Llamó a Johnson para disculparse al enterarse del incidente. Sin embargo, el principal "héroe" de los medios de comunicación fue la arquidiócesis de Washington, donde se encuentra la parroquia. Emitió un comunicado repudiando la actitud del joven sacerdote, aunque este no hizo más que aplicar lo que el Código de Derecho Canónico dice que debe hacerse cuando los pecadores públicos pretenden recibir la Sagrada Comunión (can. 915). Peor aún, dos semanas después, la arquidiócesis impuso restricciones al sacerdote en su ministerio, ¡supuestamente por razones no relacionadas![82]

---

81. Ver MICHELLE BOORSTEIN, "D.C. archdiocese: Denying Communion to lesbian at funeral was against 'policy'", *Washington Post*, 29-2-2012, https://www.washingtonpost.com/local/dc-archdiocese-denying-communion-to-lesbian-at-funeral-was-against-policy/2012/02/28/gIQA-lIxVgR_story.html.

82. Ver JERRY FILTEAU, "Priest who denied lesbian woman Communion suspended for other reasons", *National Catholic Reporter*, 13-3-2012, https://www.ncronline.org/news/people/

Así, quedó prácticamente abierto el camino para que los activistas prohomosexuales se presentaran a comulgar en situaciones similares, poniendo a sacerdotes y ministros de la Eucaristía en una situación tan embarazosa que muchos acabaron cediendo por miedo a los medios de comunicación ... y al obispo.

Además de los escándalos mediáticos, la técnica del desafío avanzó un paso cuando, aprovechando la nueva legislación que equiparaba los llamados delitos de odio con el racismo e incluía a las "minorías sexuales" entre las clases de personas especialmente protegidas contra la discriminación, el movimiento homosexual pasó a las acusaciones de "homofobia" en los tribunales.

En el ámbito católico, el caso de Mons. Juan Antonio Reig Plá, obispo de Alcalá de Henares (España), fue un ejemplo paradigmático de esta ofensiva judicial. Declaró en un sermón de Viernes Santo de 2012 emitido en un canal de la televisión pública española que los jóvenes que se sienten desorientados por la ideología de género, creen sentirse atraídos por personas de su mismo sexo y acuden a discotecas masculinas para experimentarlo, "encuentran el infierno".[83]

Inmediatamente, la Federación Estatal de Lesbianas, Gais, Transexuales y Bisexuales (FELGTB) denunció al obispo ante la Fiscalía de Madrid por provocación a la discriminación. El juez de primera instancia desestimó la denuncia después de que Mons. Reig Plá recibiera cientos de cartas de apoyo a sus declaraciones de personas que confesaban haber vivido el "infierno" descrito en su sermón.[84] Un micropartido político presentó un recurso, que

---

priest-who-denied-lesbian-woman-communion-suspended-other-reasons; LUIZ SÉRGIO SOLIMEO, "The Homosexual Movement Scores a Win in the Fr. Guarnizo Affair-Who Caused the Scandal and Why?", *TFP.org*, 17-3-2012, https://www.tfp.org/the-homosexual-movement-scores-a-win-in-the-fr-guarnizo-affair-who-caused-the-scandal-and-why/.

83. "El obispo de Alcalá de Henares carga contra los homosexuales y el aborto en la misa de TVE", *CadenaSer.com*, 7-4-2012, https://cadenaser.com/ser/2012/04/07/espana/1333756218_850215.html.

84. Ver "La Fiscalía archiva la denuncia de la FELGTB contra el obispo de Alcalá", *La Información*, 9-5-2012, https://www.lainformacion.com/asuntos-sociales/la-fiscalia-archiva-la-de-

un tribunal de Madrid desestimó.[85] Sin embargo, todo el asunto judicial perturbó la vida y el ministerio del obispo durante dos años y levantó en su contra a un sector de la sociedad española, que intimidó a otros prelados para que guardaran silencio.

Una manifestación diferente de desafío con alcance mundial fue la organización de la primera marcha del Orgullo Mundial en Roma por Interpride. Esta asociación reúne a organizadores de eventos nacionales del "orgullo LGBT". Celebró su marcha de Roma durante el Jubileo del Año Santo 2000. El desfile reunió a miles de personas que gritaron consignas por las calles de la Ciudad Eterna. Ese mismo día, el Papa Juan Pablo II se sintió obligado a dirigirse a la multitud en la Plaza de San Pedro: "En nombre de la Iglesia de Roma no puedo por menos de expresar mi amargura por la afrenta hecha al gran jubileo del año 2000 y por la ofensa a los valores cristianos de una ciudad tan querida para el corazón de los católicos de todo el mundo".[86]

No obstante, la confrontación no es la única forma de acabar con la resistencia católica. Otra es el chantaje. Históricamente, este ha adoptado dos formas. Por un lado, denunciando la supuesta hipocresía de la Iglesia Católica por predicar contra la homosexualidad mientras muchos prelados frecuentan bares y saunas que funcionan como burdeles del mismo sexo. El caso más notorio es el del libro *Sodoma*, de Frédéric Martel, en el que afirma que "el Vaticano tiene una de las mayores comunidades homosexuales del mundo, ¡y dudo que haya tantos homos siquiera en el distrito Castro de San Francisco, ese emblemático barrio gay, ahora más mezclado!".[87]

---

nuncia-de-la-felgtb-contra-el-obispo-de-alcala_s6bwExtK8dogjgEwaDQGa2/.

85. Ver "El obispo de Alcalá ejerció su libertad de expresión al criticar a gays durante una homilía en 2012", *El Mundo*, 16-5-2014, https://www.elmundo.es/madrid/2014/05/16/5375b18fca-47417b188b456c.html.

86. JUAN PABLO II, "Ángelus, domingo 9 de julio de 2000, Jubileo en las cárceles", *Vatican.va*, 9-7-2000, https://www.vatican.va/content/john-paul-ii/es/angelus/2000/documents/hf_jp-ii_ang_20000709.html.

87. THOMAS MAHLER, "Exclusif: 'Sodoma', le livre-choc sur l'homosexualité au Vatican", *Lepoint.fr*, 13-2-2019, https://www.lepoint.fr/societe/exclusif-sodoma-le-livre-choc-sur-l-ho-

Este tipo de denuncias provocan a veces a la dimisión de quienes se ven obligados, contra su voluntad, a "salir del armario", como ocurrió en Estados Unidos en 2002 con el arzobispo de Milwaukee, Mons. Rembert Weakland, tras revelarse que había utilizado 450.000 dólares de los fondos de la arquidiócesis para resolver una demanda personal por agresión sexual.[88]

Lo mismo le ocurrió al cardenal Hans Hermann Groer, arzobispo de Viena. En marzo de 1995, fue acusado de abusos sexuales a seminaristas. Seis meses después, el Papa Juan Pablo II aceptó su dimisión.[89] En febrero de 2013, el cardenal Keith O'Brien, líder de la Iglesia Católica en Escocia, se vio obligado a dimitir como arzobispo tres meses antes del límite de edad, debido a las acusaciones de actos inapropiados con cuatro sacerdotes durante la década de 1980 e incluso después.[90]

La otra forma de chantaje consistió en que ciertos grupos y líderes prohomosexualidad empezaron a presionar a los prelados para que disintieran públicamente de los documentos y sanciones del Vaticano. Quizá el caso más paradigmático sea el del cardenal Basil Hume. En abril de 1995 fue presionado públicamente por Peter Tatchell, líder de OutRage!, una asociación que obligó a "salir del armario" a varios anglicanos de alto rango. He aquí cómo el P. Richard John Neuhaus, fundador de la conocida revista *First Things*, relata lo que le ocurrió al cardenal inglés hace casi 30 años: "El Sr. Tatchell había exigido a Hume que se retractara de la definición de Roma de los actos homosexuales como 'objetivamente desordenados'. La exigencia se tornó violenta en ocasiones,

---

mosexualite-au-vatican-13-02-2019-2293213_23.php.

88. Ver ASSOCIATED PRESS, "Ex-Archbishop Apologizes for Payment Scandal", *The Washington Post*, 31-5-2002, https://www.washingtonpost.com/archive/politics/2002/06/01/ex-archbishop-apologizes-for-payment-scandal/3f91ad2b-baee-4c0c-a659-4c4560a50a54/.

89. Ver DENNIS CODAY, "A cardinal is accused: the Groer case", *National Catholic Reporter*, 4-4-2014, https://www.ncronline.org/blogs/ncr-today/cardinal-accused-groer-case.

90. Ver ISLA BINNIE, "Pope accepts disgraced Cardinal O'Brien's resignation from public role", *Reuters*, 20-3-2015, https://www.reuters.com/article/idUSKBN0MG20U/.

incluyendo la interrupción de la procesión del Domingo de Ramos en la catedral de Westminster. En lo que se consideró una respuesta a la presión, el cardenal publicó una carta en la que afirmaba que la amistad homosexual puede ser 'una forma de amar' y declaraba que 'la homofobia no debe tener cabida entre los católicos'. Los periódicos, como era de esperar, publicaron en primera plana la 'capitulación' del cardenal ante los grupos de presión homosexuales. Incluso el conservador *Telegraph* publicó este titular en portada: 'El cardenal Hume da la bendición de la Iglesia al amor homosexual'".[91]

OutRage! podía afirmar que su campaña fue exitosa al determinar no solo la política de la Iglesia en Inglaterra sobre la homosexualidad, sino también la de la Iglesia católica. Desgraciadamente, el Sr. Tatchell tenía razón al jactarse ante *The New York Times*: "Estamos marcando la agenda".[92]

En efecto, en un comunicado de prensa, el entonces arzobispo de Westminster, ampliando una declaración anterior de 1993, afirmó: "En cualquier contexto en que surja, y siempre respetando la forma apropiada de su expresión, el amor entre dos personas, sean del mismo sexo o de sexo diferente, debe ser valorizado y respetado", ya que "amar a otro … es haber entrado en el ámbito de la experiencia humana más rica, tanto si ese amor es entre personas del mismo sexo como de sexo diferente". Y concluyó: "Aunque los actos genitales homosexuales son objetivamente malos, no obstante, la Iglesia advierte contra las generalizaciones a la hora de atribuir culpabilidad en casos individuales".[93]

---

91. Richard John Neuhaus, "Primrose Paths", in "A Sense of Change Both Ominous and Promising", *First Things* (agosto de 1995), https://www.firstthings.com/article/1995/08/a-sense-of-change-both-ominous-and-promising.

92. John Darnton, "Gay Issue Roils the Church of England", *The New York Times*, 19-3-1995, https://www.nytimes.com/1995/03/19/world/gay-issue-roils-church-of-england.html.

93. Basil Hume, "A note on the teaching of the Catholic Church concerning homosexuality" (abril de 1997), n.º 9, 10 y 16, *New Ways Ministry*, consultado 22-5-2024, https://www.newwaysministry.org/wp-content/uploads/2018/12/Hume1997.pdf.

Capítulo 7

La Santa Sede reitera que los actos homosexuales son "graves depravaciones"

Los dicasterios de la Santa Sede mantuvieron inalterada la línea doctrinal a pesar de que muchos obispos de diversos países cedieron a la presión del *lobby* homosexual haciendo declaraciones débiles o ambiguas sobre la atención pastoral a las personas homosexuales.

En 1975, las autoridades del Vaticano se enteraron, a través de la dirección de la Compañía de Jesús, de que el P. John McNeill había solicitado un imprimátur para su libro. Esto llevó a la Congregación para la Doctrina de la Fe a publicar la declaración *Persona humana* "acerca de ciertas cuestiones de ética sexual", firmada por su prefecto, el cardenal Franjo Šeper. Tras recordar que "el uso de la función sexual logra su verdadero sentido y su rectitud moral tan solo en el matrimonio legítimo", la declaración rechaza la afirmación de que la tendencia en quienes tienen una atracción homosexual arraigada sea tan natural como para justificar las relaciones sexuales practicadas en una comunidad de vida. Reitera: "Según el orden moral objetivo, las relaciones homosexuales son actos privados de su ordenación necesaria y esencial. En la Sagrada Escritura están condenados como graves depravaciones" y "no pueden recibir aprobación en ningún caso".[94]

A ella siguió, en 1986, la *Carta a los obispos de la Iglesia Católica sobre la atención pastoral a las personas homosexuales*, firmada por el nuevo prefecto de la Congregación para la Doctrina de la Fe, el cardenal Joseph Ratzinger. El documento, ya citado por nosotros en la Introducción, reconoce que "un número cada vez más grande de personas, aun dentro de la Iglesia, ejercen una fortísima presión para llevarla a aceptar la condición homosexual, como si no fuera desordenada, y a legitimar los actos homosexuales".[95] Denuncia en particular el hecho de que "dentro de la Iglesia se ha formado también una tendencia, constituida por grupos de presión con diversos nombres y diversa amplitud, que intenta acreditarse como representante de todas las personas homosexuales que son católicas", pero reúne a "personas homosexuales que no tienen intención alguna de abandonar su comportamiento homosexual" (n.º 9).

Frente a la ofensiva concertada de este movimiento, el documento reitera que, aunque la atracción hacia el mismo sexo no es en sí misma un pecado, se trata de una tendencia a un comportamiento intrínsecamente malo desde el punto de vista moral y, por tanto, "la inclinación misma debe ser considerada como objetivamente desordenada" (n.º 3). En cuanto al comportamiento homosexual, el cardenal Ratzinger señala que la doctrina de la Iglesia se basa "no en frases aisladas" de la Biblia, "sino más bien en el sólido fundamento de un constante testimonio bíblico" que no puede interpretarse "en un modo que contradice la Tradición viva de la Iglesia" (n.º 5). Por ello, "su clara posición … no puede ser modificada por la presión de la legislación civil o de la

---

94. Congregación para la Doctrina de la Fe, "Declaración *Persona humana*", (29-12-1975), n.º 5 y 8, Vatican.va, https://www.vatican.va/roman_curia/congregations/cfaith/documents/rc_con_cfaith_doc_19751229_persona-humana_sp.html.
95. Congregación para la Doctrina de la Fe, "Carta a los obispos", n.º 8.

moda del momento" (n.º 9) y recuerda a las personas atraídas por el mismo sexo que "como los demás cristianos, están llamadas a vivir la castidad" (n.º 12).

Por todo ello, la Congregación para la Doctrina de la Fe pide a todos los obispos "que estén particularmente vigilantes en relación con aquellos programas que de hecho intentan ejercer una presión sobre la Iglesia para que cambie su doctrina, aunque a veces se niegue de palabra que sea así" (n.º 14). Y ordena: "Se deberá retirar todo apoyo a cualquier organización que busque subvertir la enseñanza de la Iglesia, que sea ambigua respecto a ella o que la descuide completamente" (n.º 17).

En 1992, el Papa Juan Pablo II publicó el *Catecismo de la Iglesia Católica*, que contiene una sección sobre "Castidad y homosexualidad" (n.º 2357-2359). El texto afirma que "apoyándose en la Sagrada Escritura que los presenta como depravaciones graves, la Tradición ha declarado siempre que 'los actos homosexuales son intrínsecamente desordenados'. Son contrarios a la ley natural" (n.º 2357).[96] Y, además, que la atracción hacia personas del mismo sexo de la que derivan es "objetivamente desordenada" (n.º 2358).

A estos incontrovertibles pronunciamientos, la Congregación para la Doctrina de la Fe añadió las condenas de los principales autores que negaban la enseñanza tradicional:

– En 1979, su entonces prefecto, el cardenal Seper, felicitó a la Conferencia de Obispos Católicos de Estados Unidos por denunciar los errores contenidos en el libro *Human Sexuality: New Directions in American Catholic Thought* (La sexualidad humana: Nuevas perspectivas del pensamiento católico norteamericano), editado por el

---

96. *Catecismo de la Iglesia Católica*, n.º 2357, https://www.vatican.va/archive/catechism_sp/p3s-2c2a6_sp.html.

P. Anthony Kosnik, en particular en lo referente a "sus 'orientaciones pastorales', inaceptables como normas adecuadas para la formación de la conciencia cristiana en materia de moral sexual".[97]

– En 1986, tras una investigación de tres años, se prohibió al P. Charles Curran enseñar teología en instituciones eclesiásticas a la luz de su "reiterado rechazo de aceptar lo que la Iglesia enseña" respecto "al derecho a disentir públicamente del Magisterio ordinario, la indisolubilidad del matrimonio sacramental consumado, el aborto, la eutanasia, la masturbación, la contracepción artificial, las relaciones prematrimoniales y los actos homosexuales".[98]

– Cuatro años más tarde, la misma Congregación exigió al P. André Guindon que se retractara de su libro *The Sexual Creators* (Los creadores sexuales), en el que inaugura un concepto de "fecundidad sexual" (n.º 2.1) "independiente de la 'fertilidad biológica'" (n.º 2.1) y consistente en "sensualidad" y "ternura" (n.º 2.1). Este concepto "se propone como criterio de cualquier actuación sexual: no solo conyugal y ni siquiera solamente heterosexual, sino incluso homosexual" (n.º 2.1). Además, "el P. Guindon defiende la 'fecundidad sexual' de los homosexuales pretendiendo hacer abstracción de todos los juicios sobre la moralidad objetiva de los actos eróticos o genitales que ellos puedan realizar" (n.º 2.5). "En ciertos aspectos, una relación homosexual parece ser incluso superior a la heterosexual" (n.º 2.5), ya que los homosexuales son "una

---

97. SAGRADA CONGREGACIÓN PARA LA DOCTRINA DE LA FE, "Carta a S.E. Mons. John R. Quinn, Presidente de la Conferencia Episcopal Norteamericana" (13-7-1979), *Vatican.va*, https://www.vatican.va/roman_curia/congregations/cfaith/documents/rc_con_cfaith_doc_19790713_mons-quinn_sp.html.

98. CONGREGACIÓN PARA LA DOCTRINA DE LA FE, "Carta al R. D. Charles Curran" (25-7-1986), Vatican.va, https://www.vatican.va/roman_curia/congregations/cfaith/documents/rc_con_cfaith_doc_19860725_carlo-curran_sp.html.

fuente de testimonio para la sociedad en su celebración del amor gratuito" (n.º 2.5). Por encima de eso, "el autor sostiene que las normas morales presentes en la Sagrada Escritura deban ser reconducidas a contextos históricos del pasado y, por lo tanto, no se consideran incuestionables en cuanto al juicio moral que se deba dar hoy, por ejemplo, sobre los actos homosexuales" (n.º 2.4).[99]

– En 1999, la Congregación emitió una *Notificación sobre la hermana Jeannine Gramick, SSND, y el padre Robert Nugent, SDS*, informando de que ninguno de los dos había respetado la prohibición, comunicada quince años antes, para "que se separaran total y completamente del *New Ways Ministry*, añadiendo que no podían ejercer ningún apostolado a menos que presentaran fielmente la doctrina de la Iglesia acerca del mal intrínseco de los actos homosexuales". "A pesar de esta intervención de la Santa Sede, el P. Nugent y la Hna. Gramick siguieron participando en actividades organizadas por el *New Ways Ministry*, aunque renunciaron a cargos de responsabilidad. Además, han seguido manteniendo y promoviendo posiciones ambiguas sobre la homosexualidad y han criticado explícitamente los documentos del Magisterio de la Iglesia sobre el tema". Invitados a "responder de modo inequívoco a algunas preguntas sobre su posición en relación con la moralidad de los actos homosexuales y la inclinación homosexual … demostraron una clara comprensión conceptual de la doctrina de la Iglesia sobre la homosexualidad, pero se abstuvieron de prestar su adhesión a tal doctrina". Además, ambos "trataron de justificar la publicación de sus

---

99. Congregación para la Doctrina de la Fe, "Nota sobre el libro del P. André Guindon, OMI, 'The Sexual Creators. An ethical proposal for concerned christians'" (31-1-1992), Vatican. va, https://www.vatican.va/roman_curia/congregations/cfaith/documents/rc_con_cfaith_doc_19920131_book-guindon_sp.html.

libros y ninguno de ellos manifestó adhesión personal a la doctrina de la Iglesia sobre la homosexualidad en términos suficientemente claros". Cuando se les pidió que "expresaran su asentimiento interior a la doctrina de la Iglesia Católica sobre la homosexualidad y que reconocieran que [sus] libros contenían errores", la Hna. Gramick "simplemente rehusó expresar asentimiento alguno a la doctrina de la Iglesia sobre la homosexualidad", y el P. Nugent "no afirmó con claridad" su avenencia y más tarde se negó a firmar una declaración de asentimiento preparada para él. La notificación concluye: "Ante el fracaso de los repetidos intentos de las autoridades legítimas de la Iglesia para resolver los problemas planteados por los escritos y actividades pastorales de los dos autores, la Congregación para la Doctrina de la Fe se ve obligada a declarar, por el bien de los fieles católicos, que las posiciones de la Hna. Jeannine Gramick y del P. Robert Nugent, en lo que se refiere al mal intrínseco de los actos homosexuales y al desorden objetivo de la inclinación homosexual, son doctrinalmente inaceptables".[100]

– En 2001, con la firma del cardenal Ratzinger, la Congregación publicó una *Notificación sobre algunos escritos del Rvdo. P. Marciano Vidal, C.Ss.R.*, en concreto sus libros *Diccionario de ética teológica, La propuesta moral de Juan Pablo II* y los volúmenes de *Moral de actitudes*. En la notificación se afirma que estas obras no pueden ser utilizadas para la formación teológica, se informa de las etapas de la investigación y del compromiso del autor de corregir los errores contenidos en sus obras, entre

---

100.CONGREGACIÓN PARA LA DOCTRINA DE LA FE, "Notificación sobre la hermana Jeannine Gramick, SSND, y el padre Robert Nugent, SDS" (31-5-1999), *Vatican.va*, https://www.vatican.va/roman_curia/congregations/cfaith/documents/rc_con_cfaith_doc_19990531_gramick-nugent-notification_sp.html.

ellos que en la valoración moral de la homosexualidad hay
que "'adoptar una actitud de provisionalidad', y desde luego 'ha de formularse en clave de búsqueda y apertura'";
y que "para el homosexual irreversible un juicio cristiano
coherente 'no pasa necesariamente por la única salida de
una moral rígida: cambio a la heterosexualidad o abstinen-
cia total'".[101]

Otro documento que enfureció especialmente a los enemigos de la Iglesia en 2002, fue la carta de la Congregación para el
Culto Divino, firmada por el cardenal Jorge Medina Estévez, en
la que se afirmaba que "La ordenación al diaconado y al presbi-
terado de hombres homosexuales o con tendencia homosexual es
absolutamente desaconsejable e imprudente y, desde el punto de
vista pastoral, muy arriesgada. Una persona homosexual o con
tendencia homosexual no es, por tanto, idónea para recibir el sacramento del Orden sagrado".[102] Esta prohibición fue confirmada
posteriormente por la Congregación para la Educación Católica,
responsable de los seminarios, en una Instrucción firmada por
el cardenal Zenon Grocholewski y publicada en noviembre de
2005.[103]

Al mismo tiempo, la Santa Sede fundó o potenció instituciones destinadas explícitamente a defender y difundir la castidad, el matrimonio indisoluble y la familia, como el Pontificio

---

101. CONGREGACIÓN PARA LA DOCTRINA DE LA FE, "Notificación sobre algunos escritos del Rvdo. P.
     Marciano Vidal, C.Ss.R." (22-2-2001), n.º 2, *Vatican.va*, https://www.vatican.va/roman_cu-
     ria/congregations/cfaith/documents/rc_con_cfaith_doc_20010515_vidal_sp.html.
102. CONGREGACIÓN PARA EL CULTO DIVINO Y LA DISCIPLINA DE LOS SACRAMENTOS, "Negativa a la orde-
     nación de homosexuales al sacerdocio" (16-5-2002), *Corazones.org*, consultado 22-5-2024,
     https://www.corazones.org/sacramentos/orden_sac/homosexualidad_ordenacion_2005.htm.
103. Ver CONGREGACIÓN PARA LA EDUCACIÓN CATÓLICA, "Instrucción sobre los Criterios de Discerni-
     miento Vocacional en relación con las personas de tendencias homosexuales antes de su ad-
     misión al Seminario y a las Órdenes Sagradas" (4-11-2005), *Vatican.va*, https://www.vatican.
     va/roman_curia/congregations/ccatheduc/documents/rc_con_ccatheduc_doc_20051104_is-
     truzione_sp.html.

Consejo para la Familia. Entre 1983 y 2008, estuvo presidido por dos cardenales conservadores, Sus Eminencias Édouard Gagnon y Alfonso López Trujillo. En 1995, publicó *Sexualidad humana: verdad y significado. Orientaciones educativas en familia.*[104] En 1981, la Santa Sede fundó el Pontificio Instituto Teológico Juan Pablo II para las Ciencias del Matrimonio y la Familia.

Otros organismos del Vaticano, sin embargo, incapaces de sancionar a los disidentes con la misma energía, adoptaron una actitud de complacencia hacia estos y otros autores. Favorecieron la propagación de la ambigüedad doctrinal y el malestar hacia el Papado en los círculos católicos, lo cual puede haber desempeñado algún papel en la inesperada dimisión de Benedicto XVI.

---

104. Pontificio Consejo para la Familia, "Sexualidad humana: verdad y significado. Orientaciones educativas en familia" (8-12-1995), *Vatican.va*, https://www.vatican.va/roman_curia/pontifical_councils/family/documents/rc_pc_family_doc_08121995_human-sexuality_sp.html.

Capítulo 8

Los muros del dique empiezan a romperse...

L as cosas cambiaron con la ascensión al trono pontificio del cardenal Jorge Mario Bergoglio en marzo de 2013. En julio de ese año, la famosa respuesta del Papa Francisco en el vuelo de regreso de la Jornada Mundial de la Juventud en Río de Janeiro provocó una verdadera estampida.

Ilze Scamparini, corresponsal de *TV Globo* en Roma, se refirió a las noticias sobre los escándalos homosexuales de Mons. Battista Ricca en Montevideo (más tarde fue nombrado administrador de la nueva residencia papal, Casa Santa Marta). Preguntó al Papa Francisco cómo abordaría "toda la cuestión del *lobby gay*". La respuesta a esta última pregunta, publicada en grandes titulares en los principales periódicos del mundo, dejó atónitos a los simples fieles:

"Yo veo que muchas veces en la Iglesia, independientemente de este caso, pero también en este caso, se van a buscar 'pecados de juventud', por ejemplo, y se publican. ... Bien, se escribe mucho del lobby gay. *Todavía no he encontrado quién me enseñe un carnet de identidad que diga 'gay' en el Vaticano. Dicen que los hay. Creo que cuando uno se encuentra con una persona así, debe distin-*

guir el hecho de ser una persona gay, del hecho de hacer
un lobby, *porque ningún* lobby *es bueno. Son malos. Si*
una persona es gay y busca al Señor y tiene buena volun-
tad, ¿quién soy yo para juzgarla?".[105]

Al pasar de la cuestión de las relaciones homosexuales pecaminosas, que estaba en el centro de la pregunta, a la atracción
hacia el mismo sexo, que puede ser involuntaria, el Papa pareció
dar a entender en su lenguaje impreciso que él no juzga ni a las
personas atraídas por el mismo sexo ni a aquellas que practican
actos homosexuales. Así fue como los medios de comunicación
interpretaron la frase "¿Quién soy yo para juzgar?" y la pregona-
ron por todo el mundo. No hubo ninguna aclaración papal posterior.

Esta sorprendente actitud llevó a la revista mensual prohomosexual más importante, *The Advocate*, a nombrar al Papa Francisco su "Persona del Año". La publicación justificó su elección
diciendo: "El contundente cambio de retórica del Papa Francisco
con respecto a sus dos predecesores —ambos estuvieron en algún
momento entre los Premios Fobia anuales de *The Advocate*—
convierte su accionar en 2013 en osadísimo".[106]

Luego vinieron los encuentros amistosos del Papa Francisco
con pseudoparejas homosexuales e individuos transexuales, que
escandalizaron a los fieles. El más chocante, por lo contrastante
de sus actitudes, se produjo durante su visita a Estados Unidos
en 2015. En la Nunciatura Apostólica, le presentaron a la señora Kim Davis, la registradora del condado de Rowan, Kentucky.

105.Papa Francisco, "Viaje apostólico a Río de Janeiro con ocasión de la XXVIII Jornada Mundial
de la Juventud. Conferencia de prensa del Santo Padre Francisco durante el vuelo de regreso a
Roma, domingo 28 de julio de 2013", *Vatican.va*, https://www.vatican.va/content/francesco/
es/speeches/2013/july/documents/papa-francesco_20130728_gmg-conferenza-stampa.html
(la negrita es nuestra).
106.Lucas Grindley, "The Advocate's Person of the Year: Pope Francis", *The Advocate*, 16-12-
2013, https://www.advocate.com/year-review/2013/12/16/advocates-person-year-pope-francis.

Ella había pasado seis días en la cárcel por negarse a registrar un "matrimonio" homosexual, alegando objeción de conciencia y su condición de cristiana. El día anterior, el Papa recibió a un antiguo alumno suyo llamado Yayo Grassi, que acudió con su pareja homosexual, Iwan Bagus. El Pontífice abrazó calurosamente a ambos ante las cámaras. Los dos encuentros ocuparon los titulares de los medios de comunicación por motivos opuestos.

El P. Federico Lombardi, entonces director de la Oficina de Prensa de la Santa Sede, publicó un comunicado para aclarar que el encuentro con la señora Davis había sido rápido, entre un grupo de personas invitadas no por el Papa sino por la Nunciatura y, por tanto, "su encuentro con ella no debe considerarse como un respaldo a su posición en todos sus aspectos particulares y complejos". En cambio, subrayaba el comunicado, "la única 'audiencia' concedida por el Papa en la Nunciatura fue a un antiguo alumno suyo con su familia".[107] ¡Qué elocuente muestra de doble discurso!

Ya anteriormente, en enero de 2015, el papa Francisco había recibido en audiencia en su residencia de Santa Marta a una persona transexual llamada Neria Lejárraga, de Plasencia, España. En una carta al Papa, se quejaba del rechazo de los católicos de su ciudad después de someterse a una cirugía de "cambio de sexo" y "comprometerse" con otra mujer. El Papa la llamó por teléfono, la invitó al Vaticano con todos los gastos pagados por la Nunciatura en Madrid, y la recibió en compañía de su "prometida".[108] Al año siguiente, durante su entrevista en avión de regreso de Georgia y Azerbaiyán, el pontífice relató con detalle las circunstancias de aquel encuentro, refiriéndose constantemente a Neria

107.SALA DE PRENSA DE LA SANTA SEDE, "Dichiarazione su un incontro di Papa Francesco con la Signora Kim Davis alla Nunziatura di Washington, DC (P. F. Lombardi, Direttore della Sala Stampa della Santa Sede)", *Vatican.va*, 2-10-2015, https://press.vatican.va/content/salastampa/it/bollettino/pubblico/2015/10/02/0749/01616.html.
108.Ver "El Papa recibe en audiencia privada a un transexual español", *El País*, 27-1-2015, http://politica.elpais.com/politica/2015/01/27/actualidad/1422355975_624238.html.

en masculino ("él, que era ella, pero es él") sin ningún reproche por la operación de cambio de sexo y el posterior "matrimonio" con otra mujer.[109]

Aún más relevante para la prensa fue la recepción oficial en el Palacio Apostólico de Xavier Bettel, primer ministro de Luxemburgo, acompañado de su pareja homosexual, el arquitecto Gauthier Destenay, con quien contrajo unión civil en 2010 y luego se "casó" en 2015, cuando el Gran Ducado legalizó el "matrimonio" homosexual. El pretexto fue la reunión de los líderes europeos en la Ciudad Eterna para celebrar el 60° aniversario del Tratado de Roma, que dio inicio a lo que hoy es la Unión Europea.[110] Pablo Iglesias, líder del partido español de ultraizquierda Podemos, publicó inmediatamente en su cuenta de Twitter una foto de la recepción papal con la leyenda: "Xavier Bettel, primer ministro de Luxemburgo, recibido en el Vaticano junto a su marido. Y aquí [el cardenal] Cañizares dice que los gays van al infierno". Bettel respondió poco después con otro tuit: "Ha sido un gran placer y un honor para mí y Gauthier ser recibidos por el líder de la Iglesia católica".[111]

El Papa Francisco ha dado a menudo un trato especial a los grupos que promocionan la agenda homosexual en la Iglesia con el pretexto de la atención pastoral a los homosexuales y a sus padres, cuando estos grupos organizan peregrinaciones a Roma y piden entradas para asistir a las audiencias generales de los miér-

---

109. PAPA FRANCISCO, "Viaje Apostólico del Papa Francisco a Georgia y Azerbaiyán (30 de setiembre – 2 de octubre de 2016). Conferencia de prensa del Santo Padre durante el vuelo de regreso a Roma, domingo 2 de octubre de 2016", *Vatican.va*, https://www.vatican.va/content/francesco/es/speeches/2016/october/documents/papa-francesco_20161002_georgia-azerbaijan-conferenza-stampa.html.

110. Ver CECILIA RODRÍGUEZ, "Pope Francis' Welcome to World's Only Openly Gay Prime Minister Rekindles Vatican Controversy", *Forbes*, 9-4-2017, https://www.forbes.com/sites/ceciliarodriguez/2017/04/09/pope-franciss-welcome-to-worlds-only-openly-gay-prime-minister-rekindles-vatican-controversy/#6cb67112a607.

111. "Pablo Iglesias cree que los obispos españoles no entenderían esta foto", *Huffingtonpost.es*, 25-3-2017, http://www.huffingtonpost.es/2017/03/25/pablo-iglesias-obispos-foto_a_22011379/.

coles. En estos casos, reciben una acogida mucho mayor de la que esperaban.

En 2015, un grupo de 48 peregrinos homosexuales católicos y simpatizantes dirigido por la Hna. Jeannine Gramick recibió un asiento VIP en la audiencia papal en la Plaza de San Pedro el Miércoles de Ceniza. La religiosa había escrito al Papa con antelación, pidiéndole que se reuniera personalmente con el grupo. Dos semanas antes de partir, recibió una carta informándole de que tenían entradas reservadas para la audiencia, y ella supuso que se trataba de entradas comunes. El día de la audiencia, los ujieres papales les condujeron al nivel de la plaza donde se sienta el Papa. ¡Quedaron asombrados! [112]

Cuatro años después, también el Miércoles de Ceniza, el grupo inglés llamado "LGBT+ Catholics Westminster Pastoral Council" de la arquidiócesis de Westminster (Londres) tuvo el privilegio de fotografiarse con el Papa, quien regaló un rosario a cada uno de ellos. El organizador de la peregrinación comentó: "Nos tomó completamente por sorpresa que nos dijeran que íbamos a fotografiarnos con el Papa Francisco. Aunque habíamos pedido a la oficina del cardenal Vincent Nichols que nos consiguiera entradas para la audiencia papal, desde luego no lo habíamos solicitado, ¡ni siquiera lo habíamos pensado!". Otro peregrino, que había participado en anteriores peregrinaciones con el grupo, dijo: "¡Esto se está poniendo cada vez mejor!" [113]

Durante el COVID-19, un párroco del barrio de Torvaianica, en las afueras de Roma, ayudó a un grupo de transexuales latinoamericanos que vivían de la prostitución con el dinero recibido de

---

112. Ver FRANCIS DEBERNARDO, "New Ways Ministry's LGBT Catholic Pilgrims Get VIP Seats at Papal Audience", *New Ways Ministry*, 19-2-2015, https://www.newwaysministry.org/2015/02/19/new-ways-ministrys-lgbt-catholic-pilgrims-get-vip-seats-at-papal-audience/.

113. ROBERT SHINE, "Pope Francis Meets With LGBT Pilgrims as Sixth Anniversary of His Election Approaches", *New Ways Ministry*, 12-3-2019, https://www.newwaysministry.org/2019/03/12/pope-francis-meets-with-lgbt-pilgrims-as-sixth-anniversary-of-his-election-approaches/.

la Limosnería Apostólica de la Santa Sede y por recomendación del Papa. Debido al confinamiento, se encontraban en una situación precaria por falta de "clientes". Cuando se levantaron las restricciones sanitarias, el Papa Francisco se reunió con el grupo, el párroco y una monja en al menos cuatro ocasiones entre abril y agosto de 2022, después de las audiencias papales de los miércoles. El *L'Osservatore Romano* informó sobre la secuencia de reuniones.[114]

En la Jornada Mundial de los Pobres de la Iglesia Católica de noviembre de 2023, el grupo "trans" de Torvaianica fue invitado a unirse a más de mil personas pobres y sin hogar en el auditorio del Vaticano para almorzar como invitados del Papa Francisco. Algunos de los miembros del grupo "trans" fueron colocados en la mesa junto al soberano pontífice.[115]

Sin embargo, lo más chocante para los católicos defensores del matrimonio tradicional y la familia han sido las cartas que el Papa Francisco ha enviado a figuras de la Iglesia con posturas heterodoxas y los encuentros amistosos que ha mantenido con algunos de ellos en la Casa Santa Marta.

En agosto de 2015, la escritora lesbiana Francesca Pardi, autora de *Piccolo uovo* (El huevito) —un libro infantil cuyos personajes son pingüinos que sienten atracción por su mismo sexo, conejas lesbianas, una pareja de perros mestizos y canguros que adoptan osos polares— escribió al Vaticano después de que el alcalde de Venecia prohibiera su libro. Se lo envió al Papa, quejándose del comportamiento "oscurantista" de algunas asociaciones católicas y pidiendo el apoyo de la Iglesia. Recibió una

---

114. Ver Iacopo Scaramuzzi, "Pope Francis has met regularly with transgender Catholics at general audiences" (Traducido por Massimo y Sarah Faggioli, y Griffin Leynick), *Outreach.faith*, 13-1-2023, https://outreach.faith/2023/01/pope-francis-meets-regularly-with-transgender-catholics-at-general-audience/.

115. Ver Nicole Winfield & Trisha Thomas, "For this group of trans women, the Pope and his message of inclusivity are a welcome change", *Associated Press*, 19-11-2023, https://apnews.com/article/vatican-transgender-lgbtq-b3d67868504ba701cce09da9ecc94de0.

carta de respuesta de un funcionario de la Santa Sede en la que
le decía que "Su Santidad agradece su delicado gesto y los sentimientos que lo han impulsado" y "espera una actividad cada
vez más fructífera al servicio de las jóvenes generaciones y la
difusión de auténticos valores humanos y cristianos", impartien-
do la bendición apostólica. Ante el escándalo, el subdirector de la
oficina de prensa del Vaticano se sintió obligado a explicar que
"se trataba de una respuesta privada y, por lo tanto, no estaba destinada a ser publicada (lo que desgraciadamente sucedió)" y que
"la bendición del Papa al final de la carta se dirige a la persona y
no a ninguna enseñanza no conforme con la doctrina de la Iglesia
sobre la teoría de género".[116]

Si bien este episodio se limitó a Italia, los elogiosos home-
najes del Papa Francisco al P. James Martin y a la Hna. Jeannine
Gramick por su trabajo con la comunidad homosexual repercutie-
ron en todo el mundo. Les fueron enviados a pesar de que ambos
disentían abiertamente de la doctrina tradicional de la Iglesia. El
caso de la religiosa es grave porque, bajo el pontificado de Juan
Pablo II, la Santa Sede le prohibió continuar con este "apostolado".

En abril de 2017, el Papa Francisco nombró al P. James Martin consultor de la Secretaría para la Comunicación de la Santa
Sede.[117] En los años siguientes, el Papa respondió a una entrevista
de este último y le envió tres cartas manuscritas en español para
apoyar su iniciativa *Outreach*, un sitio web alojado en los servi-
dores de la revista *America* (la publicación oficial de la Compañía
de Jesús en Estados Unidos), para proporcionar materiales a los
católicos homosexuales.

---

116. "L'autrice dei libri gender scrive a Papa Francesco e lui risponde con una lettera", *Il Fatto Quotidiano*, 28-8-2015, https://www.ilfattoquotidiano.it/2015/08/28/il-papa-benedice-lautri-ce-dei-libri-gender-messi-al-bando-dal-sindaco-di-venezia/1989845/.

117. Ver CAROL GLATZ, "Pope names 13 consultors to Vatican Secretariat for Communications", *Catholic News Service*, 12-4-2017, https://www.ncronline.org/pope-names-13-consultors-va-tican-secretariat-communications.

En vísperas de una conferencia *online* de *Outreach* en junio de 2021, el Papa Francisco agradeció al P. Martin su "celo pastoral", por imitar el "estilo de Dios", y ofreció oraciones "por sus fieles, sus 'feligreses'".[118] En 2022, luego de recibir una copia del programa de la segunda conferencia, le escribió nuevamente, pidiéndole que continuara trabajando "en la cultura del encuentro, que acorta las distancias y nos enriquece con las diferencias".[119] En mayo de 2023, envió nuevamente sus saludos a los participantes de la conferencia que se celebraría en la Universidad de Fordham —de los padres jesuitas— el mes siguiente:

> *"Gracias por todo el bien que estás haciendo. ¡Gracias!*
>
> *Rezo por vos, por favor hacélo por mí.*
>
> *Les envío un cordial [saludo] a los miembros de la reunión en la Universidad de Fordham. Te agradezco se los hagas llegar. En mi oración y buenos deseos están vos y todos los que trabajan en la conferencia Outreach.*
>
> *De nuevo, gracias, gracias por tu testimonio".*[120]

En la breve entrevista que tuvo lugar justo antes de la segunda conferencia, el Papa respondió por escrito a las preguntas del P. Martin el 8 de mayo de 2022. *Outreach* preguntó: "¿Qué diría usted que es lo más importante que las personas LGBT de-

---

118. Gerard O'Connell, "Pope Francis encourages Jesuit Father James Martin in his L.G.B.T. ministry", *America*, 27-6-2021, https://www.americamagazine.org/faith/2021/06/27/james-martin-lgbt-ministry-pope-francis-240938.

119. Lisa Zengarini, "Pope to Jesuit Fr. Martin: 'Jesus is Close to Everyone'", *Vatican News*, 3-8-2022, https://www.vaticannews.va/en/pope/news/2022-08/pope-to-father-martin-jesus-is-close-to-everyone.html.

120. Outreach, "Pope Francis sends greetings to this year's Outreach conference for LGBT Catholics", *Outreach.faith*, 14-6-2023, https://outreach.faith/2023/06/pope-francis-sends-greetings-to-this-years-outreach-conference-for-lgbtq-catholics/; "Las 'bendiciones' de Francisco al encuentro LGTBI que organiza el jesuita James Martin", *CristianosGays.com*, 28-6-2023, https://www.cristianosgays.com/2023/06/28/las-bendiciones-de-francisco-al-encuentro-lgtbi-que-organiza-el-jesuita-james-martin/.

ben saber sobre Dios?". El Papa respondió: "Dios es Padre y no repudia a ninguno de sus hijos. Y 'el estilo' de Dios es 'cercanía, misericordia y ternura'. Por este sendero encontrarán a Dios".[121]

Alentado por este apoyo, el P. Martin no dudó en corregir al Papa. El 24 de enero de 2023, antes de su viaje a África, donde las relaciones homosexuales están proscritas, el Papa Francisco fue entrevistado por Nicole Winfield, de *Associated Press*. En relación con la homosexualidad, declaró:

> *"No es un delito. Sí, pero es pecado. Bueno, primero distingamos pecado y delito. Pero también es pecado la falta de caridad con el prójimo".[122]*

El P. Martin expresó su perplejidad y pidió una aclaración. En una larga nota manuscrita, que el jesuita se apresuró a publicar en su sitio web, el Papa Francisco escribió:

> *"No es la primera vez que hablo sobre la homosexualidad y sobre personas homosexuales.*
>
> *Y quise aclarar que no es delito para subrayar que toda criminalización no es buena ni justa.*
>
> *Cuando dije que es pecado, simplemente me referí a la enseñanza de la moral católica, que dice que todo acto sexual fuera del matrimonio es pecado".[123]*

Para expresar aún más su apoyo al P. Martin, el Papa Francisco le concedió dos audiencias privadas en su biblioteca de San-

---

121. JAMES MARTIN, "A mini-interview with the Holy Father", *Outreach.faith*, 9-5-2022, https://outreach.faith/2022/05/pope-francis-speaks-to-lgbtq-catholics/.
122. NICOLE WINFIELD, "Entrevista AP: 'Ser homosexual no es un delito', dice Papa", *Associated Press*, 25-1-2023, https://apnews.com/article/7ce9c2dbf0595ba301e10fda5d3d0649.
123. *OUTREACH.FAITH*, "Pope Francis clarifies comments on homosexuality: 'One must consider the circumstances'", *Outreach.faith*, 27-1-2023, https://outreach.faith/2023/01/pope-francis-clarifies-comments-on-homosexuality-one-must-consider-the-circumstances/.

ta Marta. La primera fue un encuentro de treinta minutos el 30 de setiembre de 2019. En esa ocasión, el P. Martin dijo: "Compartí con el Papa Francisco las experiencias de los católicos LGBT alrededor del mundo, sus alegrías y sus esperanzas, sus penas y sus inquietudes. También hablé de mi propio ministerio con ellos y de cómo se sienten excluidos". Concluyó entonces: "He visto esta audiencia como un signo de la atención del Santo Padre hacia las personas LGBT". La segunda audiencia fue el 11 de noviembre de 2022 y duró cuarenta y cinco minutos. Según el P. Martin, fue "interrumpida por muchas risas. Fue muy cálida, muy inspiradora y muy alentadora". El Papa "me apoyó increíblemente", contó el P. Martin al corresponsal de *America* en Roma.[124]

El Papa Francisco adoptó las mismas actitudes de estímulo hacia la Hna. Jeannine Gramick y el *New Ways Ministry*. Cabe recordar que, en mayo de 1999, la Congregación para la Doctrina de la Fe encabezada por el cardenal Joseph Ratzinger notificó que los fundadores de *New Ways Ministry*, el P. Robert Nugent y la Hna. Jeannine Gramick, estaban prohibidos de realizar trabajo "pastoral" con homosexuales debido a las "ambigüedades y errores" de su enfoque. La organización también fue criticada oficialmente en 2010 por la Conferencia de Obispos Católicos de Estados Unidos por su apoyo público al "matrimonio" civil de parejas del mismo sexo.

El Papa Francisco hizo caso omiso de estas condenas y acogió plenamente a ambos activistas. Ya relatamos su recepción VIP en 2015 al grupo de peregrinos de la organización. Peor aún, al acercarse el quincuagésimo aniversario de la fundación de *New Ways Ministry*, el 21 de abril de 2021, Francis DeBernardo, su director ejecutivo, escribió al Pontífice presentando un recuento del pasado de la organización. El Papa respondió el 3 de mayo, reconociendo

---

124.Gerard O'Connell, "Pope Francis received Father James Martin in private audience for the second time", *America*, 1-11-2022, https://www.americamagazine.org/faith/2022/11/11/james-martin-pope-francis-244131.

que la historia de *New Ways Ministry* "no ha sido fácil", pero que "su carta, al narrar con objetividad su historia, me da luz para comprender mejor ciertas situaciones", posiblemente una alusión a las condenas. En una segunda carta, manuscrita y fechada el 17 de junio, el Papa Francisco agradeció a DeBernardo por "su corazón, abierto al prójimo". También envió un cordial saludo a la Hna. Jeannine Gramick, añadiendo: "Sé lo mucho que ha sufrido. Es una mujer valiente que toma sus decisiones en la oración".[125]

"La calurosa carta del Santo Padre a *New Ways Ministry* no es solo un paso más en su acercamiento a las personas LGBTQ, sino el comienzo de una especie de rehabilitación para *New Ways*, y también para [su cofundadora] la Hna. Jeannine [Gramick], en reconocimiento de su importante ministerio en nuestra Iglesia", comentó con regocijo el jesuita James Martin.[126]

El 10 de diciembre de 2021, el Papa Francisco envió una carta manuscrita directamente a la Hna. Jeannine Gramick con motivo del quincuagésimo aniversario de *New Ways Ministry*. El Papa escribió:

> *"No has tenido miedo a la 'cercanía' [con homosexuales] y al acercarte lo has hecho 'sintiendo el dolor' y sin condenar a nadie, sino con la 'ternura' de una hermana y una madre.*
>
> *"Gracias, hermana Jeannine, por toda tu cercanía, compasión y ternura".*[127]

---

125. BRIAN FRAGA, "Pope Francis thanks New Ways Ministry in recent correspondence", *National Catholic Reporter*, 8-12-2021, https://www.ncronline.org/news/people/pope-francis-thanks-new-ways-ministry-recent-correspondence.

126. ROBERT SHINE, "Pope Francis Writes to New Ways Ministry: 'Thank You for Your Neighborly Work'", *New Ways Ministry*, 9-12-2021, https://www.newwaysministry.org/2021/12/09/pope-francis-writes-to-new-ways-ministry-thank-you-for-your-neighborly-work/.

127. JIM MCDERMOTT, "Pope Francis praises Sister Jeannine Gramick's 50 years of L.G.B.T. ministry in handwritten letter", *America*, 7-1-2022, https://www.americamagazine.org/faith/2022/01/07/sister-jeanine-gramick-letter-pope-francis-242157.

La Hna. Gramick dijo a la revista *America*, el primer medio de prensa que informó sobre la carta, que muchos católicos leerán la llegada de estas cartas a *New Ways Ministry* como una afirmación institucional de su trabajo. Fortalecida por ese apoyo, ella desea que la Iglesia haga progresos aún más significativos en la consecución de los objetivos de la agenda homosexual. En una entrevista publicada por *America* el mismo día en que se hizo pública la carta del Papa, la Hna. Gramick declaró:

> *"La gente gay me dice: 'El Papa Francisco es maravilloso, pero no ha cambiado la enseñanza de la Iglesia'. Bueno, ese no es su trabajo en este momento. Con el tiempo, será su trabajo, pero por ahora nos corresponde a nosotros, al pueblo, articular la fe. ...*
>
> *"Tenemos que alzarnos para defender lo que creemos ... Tenemos que seguir nuestras conciencias. Necesitamos que la gente en los bancos de las iglesias empiece a escribir cartas a sus obispos diciéndoles que van a retirar sus donaciones hasta que empiecen a tratar a las personas LGBT como seres humanos y dejen de condenarlas al ostracismo, porque no solo les están haciendo daño a ellas, sino a todo el cuerpo de Cristo.*
>
> *"A veces tenemos que ir contra lo que dicen los líderes de nuestra iglesia".*[128]

Como si este apoyo epistolar no fuera suficiente, el Papa Francisco quiso ir más allá. El 17 de octubre de 2023, mientras la asamblea del Sínodo de los Obispos sobre la Sinodalidad estaba en sesión en el Aula Paulo VI, y pequeños grupos discutían la cuestión de aceptar plenamente a las parejas homosexuales en la

---

128. JIM MCDERMOTT, "Interview: Sister Jeannine Gramick on being censured by the Vatican, 50 years of ministry and her hopes for LGBT catholics", *America*, 7-1-2022, https://www.americamagazine.org/faith/2022/01/07/sister-jeanine-gramick-new-ways-ministry-242155.

Iglesia, el Papa Francisco recibió a una delegación del *New Ways Ministry* encabezada por la Hna. Jeannine Gramick. Les concedió una audiencia de 50 minutos en su residencia de Santa Marta. Después de la reunión, la asociación dijo que "es notable porque refleja la aceptación permanente de las autoridades católicas a las cuestiones que se debaten y al ministerio LGBTQ+. Papas y líderes eclesiásticos anteriores se han opuesto a la Hna. Jeannine y a *New Ways Ministry*. Esta reunión representa una nueva apertura al enfoque de espíritu pastoral y de búsqueda de la justicia que la Hna. Jeannine y su organización practican desde hace tiempo".[129]

En una entrevista concedida al portal italiano *Open*, la Hna. Jeannine Gramick predijo —revelando su concepción modernista de la evolución del dogma— que la Iglesia acabaría reconociendo el "matrimonio" homosexual: "'No es tarea de un Papa cambiar las enseñanzas de la Iglesia. El Pontífice debe proclamar la fe del pueblo. Solo cuando sepa lo que la gente cree, podrá pronunciarse oficialmente. Como en la Iglesia primitiva, las personas deben reunirse, hablar con base en sus propias experiencias y escucharlas'. Entonces la Iglesia llegará a aprobar el matrimonio homosexual: 'Un día lo hará, pero esa es solo mi opinión. Es necesario que el pueblo de Dios discuta este tema en futuros sínodos'".[130]

---

129. ROBERT SHINE, "Pope Francis Receives Sr. Jeannine Gramick at Vatican", *New Ways Ministry*, 17-10-2023, https://www.newwaysministry.org/2023/10/17/pope-francis-receives-sr-jeannine-gramick-at-vatican/.

130. "La suora ribelle riabilitata da Papa Francesco: 'Nella Chiesa del futuro matrimoni gay e donne cardinale'", *Open.Online*, 23-10-2023, https://www.open.online/2023/10/23/jeannine-gramick-suora-papa-francesco-matrimoni-gay/.

Capítulo 9

Intentando cambiar la doctrina de la Iglesia en el Sínodo bajo pretexto de la "inclusión radical"

L a corriente progresista dominante en la jerarquía alemana atravesó de inmediato la compuerta abierta por la postura del Papa Francisco. Con el pretexto de eliminar las causas de los abusos sexuales de sacerdotes a menores, los obispos alemanes, en complicidad con la mayor organización de católicos laicos del país, el Comité Central de Católicos Alemanes (ZdK), se embarcaron en un desastroso "camino sinodal" para cambiar la estructura jerárquica y las enseñanzas morales de la Iglesia Católica.

Uno de los documentos oficiales del Camino Sinodal alemán afirmaba:

> *"La sexualidad entre personas del mismo sexo —incluida la expresada en actos sexuales— no es por tanto un pecado que separa de Dios, y no debe juzgarse como intrínsecamente mala. ...*
>
> *"1. ... los pasajes 2357-2359 y 2396 (homosexualidad y castidad) del Catecismo* [de la Iglesia Católica] *deberían ser revisados como parte de una necesaria reevaluación*

de la homosexualidad. ... Los 'actos homosexuales' deben eliminarse de la lista de 'pecados graves contra la castidad' del Catecismo".[131]

Las propuestas heréticas del Camino Sinodal alemán sobre la moral sexual, el sacerdocio femenino y la estructura jerárquica de la Iglesia suscitaron mucha oposición en varios episcopados. A pesar de ese clima polémico, el Papa Francisco decidió convocar un sínodo de dos años sobre la sinodalidad, cuya preparación sirvió también de plataforma para avanzar en las reivindicaciones del movimiento homosexual en la Iglesia.

La falacia utilizada fue que una Iglesia sinodal debería escuchar al Pueblo de Dios para discernir lo que el Espíritu Santo está diciendo a través de los signos de los tiempos. Si la base católica se mostraba abierta a la agenda homosexual, podrían concluir que las enseñanzas tradicionales de la Iglesia al respecto han dejado de ser válidas porque ya no son aceptadas y practicadas por los laicos, los fieles intérpretes del Espíritu Santo.

Para este ejercicio de escucha, organizaron sesiones de debate en torno a cuestionarios enviados por la Secretaría del Sínodo de los Obispos. Estos documentos preparatorios planteaban las mismas cuestiones que se estaban debatiendo en el Camino Sinodal alemán. En ellos se instaba a las parroquias a incorporar a los debates a las personas marginadas, incluidos los individuos en uniones extramaritales o adúlteras y los homosexuales. Por supuesto, los grupos de homosexuales católicos se apresuraron a enviar representantes al mayor número posible de parroquias para influir en los debates.

131.Der Synodale Weg, *Handlungstext: Lehramtliche Neubewertung von Homosexualität*, p. 5, consultado 23-5-2024, https://www.synodalerweg.de/fileadmin/Synodalerweg/Dokumente_Reden_Beitraege/beschluesse-broschueren/SW8-Handlungstext_LehramtlicheNeubewertungvonHomosexualitaet_2022.pdf.

La Secretaría del Sínodo también abrió una página web para recibir propuestas de grupos católicos, que el movimiento homosexual utilizó para publicitar sus ideas. El caso más significativo fue que la web oficial publicó un dibujo de un grupo de jóvenes cogidos de la mano y levantando los brazos, en una actitud un tanto reivindicativa de celebración, alrededor de un activista del *Orgullo homosexual* flanqueado por una joven con vestiduras sacerdotales.

En la sección de documentos del mismo sitio web, *New Ways Ministry* publicó un enlace a un vídeo animando a sus miembros a asistir al Sínodo. Sin embargo, un funcionario consciente de las anteriores condenas a la asociación por parte del Vaticano y la Conferencia Episcopal de Estados Unidos retiró el enlace. Ante las protestas de la asociación, el director de comunicación del Sínodo restableció el vídeo y envió una disculpa "a todas las [personas] LGBT y a los miembros de *New Ways Ministry* por el dolor causado". La asociación aceptó calurosamente lo que calificó de admisión "histórica" por parte de la Iglesia del "daño que tal desaire habría causado a las personas LGBTQ y a toda la Iglesia".[132]

Como era de esperar, dada esta participación y la presión ejercida desde arriba, numerosos informes parroquiales y resúmenes nacionales mencionaron la necesidad de acoger plenamente a los homosexuales. En muchos casos, hubo peticiones formales para que la Iglesia cambiara su doctrina y aceptara a todos los que "se aman" y conviven conyugalmente sin estar casados: parejas convivientes de diversas denominaciones; divorciados "vueltos a casar" civilmente; y homosexuales.

Los titulares de los medios de comunicación informaban de que estas demandas habían sido recogidas en los informes na-

---

132. Nicole Winfield, "Vatican apologizes for removing Catholic LGBT advocacy group from synod website", *America*, 13-12-2021, https://www.americamagazine.org/politics-society/2021/12/13/vatican-new-ways-ministry-synod-242024.

cionales: "El Sínodo de Luxemburgo pide el 'matrimonio homo-sexual'",[133] "Los católicos italianos piden más atención para las personas LGBTQ",[134] "En los informes del Sínodo, los católicos de EE. UU. piden el liderazgo de las mujeres y la acogida de las personas LGBTQ",[135] "Las arquidiócesis españolas quieren el fin del celibato, la ordenación de mujeres y la aceptación de las uniones del mismo sexo".[136] Un jubiloso sitio web *Cristianos Gay* publicó un título de la revista en línea de la universidad jesuita Vale dos Sinos: "A medida que avanza el Sínodo Global, la inclusión LGBTQ+ es un tema destacado en los informes nacionales".[137]

Antes de la etapa continental del Sínodo, su Secretaría presentó un documento de trabajo destinado a sintetizar los informes nacionales bajo el sugerente título "Ensancha el espacio de tu tienda". Una sección titulada "La escucha que se convierte en acogida" se refería a quienes, en la etapa anterior, habían sentido "una tensión entre la pertenencia a la Iglesia y sus propias relaciones afectivas, como, por ejemplo: los divorciados vueltos a casar, los padres y madres solteros, las personas que viven en un matrimonio polígamo, las personas LGBTQ".[138]

---

133. Luke Coppen, "Luxembourg Synod calls for 'Gay Marriage'", *The Catholic Thing*, 28-7-2022, https://www.thecatholicthing.org/2022/07/28/luxembourg-synod-calls-for-gay-marriage/.

134. "I cattolici italiani chiedono più attenzione per le persone Lgbtq", *Open.Online*, 18-8-2022, https://www.open.online/2022/08/18/cattolici-italiani-accoglienza-persone-lgbtq/.

135. Brian Fraga, "In synod reports, US Catholics call for women's leadership, LGBTQ welcoming", *National Catholic Reporter*, 16-8-2022, https://www.ncronline.org/news/synod-reports-us-catholics-call-womens-leadership-lgbtq-welcoming.

136. David Ramos, "Históricas archidiócesis españolas proponen abolir el celibato y ordenar mujeres sacerdotes", *ACI Prensa*, 6-6-2022, https://www.aciprensa.com/noticias/94119/historicas-archidiocesis-espanolas-proponen-abolir-el-celibato-y-ordenar-mujeres-sacerdotes.

137. "A medida que avanza el Sínodo Global, la inclusión LGBTQ+ es un tema destacado en los informes nacionales", *CristianosGays.com*, 27-8-2022, https://www.cristianosgays.com/2022/08/27/a-medida-que-avanza-el-sinodo-global-la-inclusion-lgbtq-es-un-tema-destacado-en-los-informes-nacionales/.

138. Secretaría General del Sínodo, *Ensancha el espacio de tu tienda. Documento de Trabajo para la Etapa Continental* (24-10-2022), Synod.va, n.º 39, p. 23, https://www.synod.va/content/dam/synod/common/phases/continental-stage/dcs/Documento-Tappa-Continentale-ES.pdf.

El mismo documento sugería una "inclusión radical" de todos los que se sentían marginados. En un artículo para la revista jesuita *America*, el cardenal Robert McElroy, obispo de San Diego, se apresuró a explicar esta frase y a señalar sus consecuencias sacramentales. En oposición al apóstol san Pablo (ver 1 Cor 11, 27-29), propuso que los católicos divorciados y vueltos a casar o los homosexuales que buscan la gracia de Dios en sus vidas no sean excluidos categóricamente de recibir la Sagrada Comunión en la misa.[139] Fue prontamente reprendido por Mons. Thomas Paprocki, obispo de Springfield, Illinois, expresidente del Comité de Derecho Canónico de la Conferencia de Obispos Católicos de EE. UU., quien, sin citarlo por su nombre, escribió un artículo en *First Things* titulado: "Imaginando a un cardenal herético".[140]

Intentando avanzar en esta agenda de acogida radical, el cardenal Jean-Claude Hollerich, arzobispo de Luxemburgo, relator general del Sínodo sobre la sinodalidad, declaró en una entrevista para *L'Osservatore Romano*: "Todo el mundo está llamado … Nadie queda excluido: incluso los divorciados vueltos a casar, incluso los homosexuales, todos. El Reino de Dios no es un club exclusivo. Abre sus puertas a todos, sin discriminación".[141]

Una vez recibidos los informes de las sesiones de la etapa continental, la Secretaría del Sínodo preparó un *Instrumentum Laboris* con una serie de planteamientos y preguntas que se debatirían durante la sesión plenaria en el Vaticano. Este documento de trabajo espesó aún más el brebaje de las brujas. "Los Documentos finales de las Asambleas continentales mencionan a me-

---

139. Ver Robert W. McElroy, "Cardinal McElroy on 'radical inclusion' for L.G.B.T. people, women and others in the Catholic Church", *America*, 24-1-2023, https://www.americamagazine.org/faith/2023/01/24/mcelroy-synodality-inclusion-244587.

140. Thomas J. Paprocki, "Imagining a Heretical Cardinal", *First Things*, 28-2-2023, https://www.firstthings.com/web-exclusives/2023/02/imagining-a-heretical-cardinal.

141. Andrea Monda & Roberto Cetera, "Hollerich: la Iglesia debe cambiar. Se arriesga hablar con un hombre que ya no está", *Vatican News*, 28-10-2022, https://www.vaticannews.va/es/vaticano/news/2022-10/hollerich-sinodo-parte-continental-la-iglesia-el-hombre.html.

nudo a quienes no se sienten aceptados en la Iglesia, como los divorciados vueltos a casar, las personas en matrimonios polígamos o las personas LGBTQ+".

Esto condujo a la pregunta: "¿Cómo podemos crear espacios en los que aquellos que se sienten heridos por la Iglesia y rechazados por la comunidad puedan sentirse reconocidos, acogidos, no [ser] juzgados y libres para hacer preguntas? A la luz de la exhortación apostólica postsinodal *Amoris laetitia*, ¿qué medidas concretas son necesarias para llegar a las personas que se sienten excluidas de la Iglesia a causa de su afectividad y sexualidad (por ejemplo, divorciados vueltos a casar, personas en matrimonios polígamos, personas LGBTQ+, etc.)?".[142]

Para orientar los debates hacia esta apertura, el Papa Francisco invitó al fraile dominico Timothy Radcliffe a predicar un retiro a los participantes de la Asamblea Plenaria del Sínodo en vísperas de su inauguración. El P. Radcliffe se había hecho famoso durante su etapa como Maestro General de su orden por aceptar novicios con una arraigada tendencia homosexual, en contra de las instrucciones de la Santa Sede. Además, escandalizó a los anglicanos conservadores con su contribución al llamado *Informe Pilling* (sobre la sexualidad humana), elaborado por un grupo de trabajo de obispos anglicanos, que sirvió de base para la aprobación parcial del "matrimonio" religioso homosexual en la Iglesia de Inglaterra.

En la segunda sección de este Informe, que trata de las cuestiones éticas de las prácticas homosexuales, el P. Radcliffe no dudó en blasfemar, escribiendo que, al considerar las relaciones entre personas del mismo sexo, "¡no podemos empezar preguntando si está permitido o prohibido! Debemos preguntarnos qué

---

142. *XVI Asamblea General Ordinaria del Sínodo de los Obispos. Por una Iglesia Sinodal: Comunión, Participación, Misión. Instrumentum Laboris para la primera sesión (octubre de 2023)* (20-6-2023), Vatican.va, https://press.vatican.va/content/salastampa/it/bollettino/pubblico/2023/06/20/0456/01015.html#sp.

significa y hasta qué punto es eucarística. Ciertamente puede ser generosa, vulnerable, tierna, recíproca y no violenta. Así que, en muchos sentidos, creo que puede ser expresiva de la autodonación de Cristo".[143]

Además de predicar el retiro, el P. Radcliffe pronunció reflexiones espirituales al comienzo de cada sesión semanal. En la última, recordando que una joven canadiense desató compasión al denunciar el suicidio de su hermana, el dominico subrayó: "Muchos de nosotros lloramos cuando oímos hablar de aquella joven que se suicidó porque era bisexual y no se sentía acogida en la Iglesia. Espero que eso nos haya cambiado. El Santo Padre nos ha recordado que todos somos bienvenidos".[144]

A pesar de esta presión emocional, para consternación del P. James Martin y de otros militantes de la "construcción de puentes" con el movimiento homosexual, el Documento Final de la primera sesión no abordó el tema de la acogida de los homosexuales, ni utilizó el acrónimo L.G.B.T., gracias a la oposición de muchos Padres sinodales y, en particular, de las delegaciones de obispos de África.

Esta resistencia interna en la Asamblea Plenaria del Sínodo al avance de la agenda homosexual no impidió que, mes y medio después, el Papa Francisco y el cardenal Fernández publicaran la declaración *Fiducia supplicans* de una manera muy poco sinodal, y sin consultar siquiera a los demás miembros del Dicasterio para la Doctrina de la Fe.

143. Joan Frawley Desmond, "Father Timothy Radcliffe's Designation as Synod on Synodality's Retreat Master Stirs Anxiety", *National Catholic Register*, 27-1-2023, https://www.ncregister.com/news/father-timothy-radcliffe-s-designation-as-synod-on-synodality-s-retreat-master-stirs-anxiety.

144. Colm Flynn, "Synod on Synodality Report", *EWTN News Nightly*, 19-10-2023, https://www.ewtnvatican.com/articles/synod-on-synodality-report-1711.

Capítulo 10

La bendición de las parejas homosexuales, un primer paso hacia la "inclusión radical"

En la guerra cultural para normalizar la homosexualidad, los hechos simbólicos son tan importantes como la difusión de ideas, quizá incluso más, porque movilizan las emociones y los sentimientos de las personas, que hoy en día importan más que los principios para gran parte de la opinión pública.

Uno de los primeros gestos de concesión que el movimiento homosexual tenía que conseguir de la Iglesia Católica era que los sacerdotes —sus representantes— bendijeran a las parejas homosexuales que se presentasen ante ellos. Por ejemplo, desde su fundación en 1991, la Asociación Cristiana de Lesbianas, Gays, Transexuales y Bisexuales de Cataluña (ACGIL) ha puesto en contacto a varias parejas homosexuales al año con "5 o 6 sacerdotes de confianza" dispuestos a bendecir su unión, en una ceremonia que se hace "siempre con la más absoluta discreción, sin fotos y sin ninguna clase de público", ya sea en el domicilio de los contrayentes o en la propia iglesia del sacerdote.[145]

---

145. "Bendición clandestina de parejas LGTBI: una organización une a sacerdotes y parejas", *El Confidencial*, 1-7-2021, https://www.elconfidencial.com/espana/2021-07-01/sacerdotes-cata-lanes-bendicen-clandestino-parejas-homosexuales_3161276/.

En Alemania, el portavoz de la Comunidad de Homosexuales y la Iglesia declaró a la revista *Der Spiegel* que hay ceremonias a las que acuden parejas homosexuales en secreto, solo con amigos, hermanos o padres, para recibir una bendición y, ocasionalmente, intercambiar anillos a la manera tradicional. Describiendo una ceremonia de este tipo que tuvo lugar en Colonia, dijo: "Fue como una misa nupcial con unas treinta personas, la bendición de los anillos y los rituales nupciales clásicos" mientras el órgano tocaba "Gran Dios, te alabamos", himno de alegría usado en grandes celebraciones.[146]

Lo mismo ha ocurrido durante décadas en prácticamente todos los países que cuentan con asociaciones de homosexuales que se declaran católicos y sacerdotes que actúan como sus capellanes. A veces, no celebraban una ceremonia formal, ni siquiera en privado, sino una bendición informal de la pareja durante una visita a su domicilio, como lo reveló Gery Kezler, el organizador del *Life Ball* de Viena, el mayor evento de recaudación de fondos contra el sida en Europa, en una entrevista a la televisión austriaca. El 15 de agosto de 2018, festividad de la Asunción, invitó a un grupo de amigos a almorzar en su casa de campo y, en esta ocasión, el cardenal Christoph Schönborn, arzobispo de Viena, les bendijo a él y a su pareja al terminar la comida. Entonces descorcharon una botella de *champagne*, y el corcho rompió un valioso plato de porcelana de Meissen.[147] La complicidad del cardenal Schönborn con la pareja homosexual había comenzado nueve meses antes, cuando organizaron conjuntamente una actuación de la *drag queen* Thomas Neuwirth (cuyo nombre artístico

---

146. "Riskanter Segen für gleichgeschlechtliche Paare", *Spiegel*, 9-8-2003, https://www.spiegel. de/spiegel/vorab/a-260660.html. N.E.: El sacerdote católico alemán Ignaz Franz escribió la letra original en su lengua materna en 1771 como una paráfrasis del *Te Deum*, un himno cristiano en latín del siglo IV.

147. Ver Novus Ordo Watch, "Austrian Homo Activist says 'Cardinal' Schonborn blessed his relationship", *YouTube.com*, Novus Ordo Watch channel, 19-9-2018, consultado 26-5-2024, https://www.youtube.com/watch?v=oV-g8aR01Sg.

es Conchita Wurst) en la catedral de San Esteban, en memoria de las víctimas del sida.[148]

Sin embargo, el movimiento homosexual no se contentó con ceremonias privadas. Debía empezar a organizar rituales públicos de bendición. La mejor oportunidad para ello fue en la fiesta de San Valentín, cuando muchas parroquias organizaban misas seguidas de la bendición de parejas de novios y casados. Las parejas homosexuales podían presentarse fácilmente en misa y hacer cola con los demás para recibir la bendición. Además, la catedral de Viena sirvió de incentivo, dado que un programa de la televisión pública austriaca filmó uno de estos actos, y el rector de la catedral se ganó el agradecimiento público de una pareja homosexual.[149]

Poco a poco, los sacerdotes promotores de tales ceremonias de bendición les dieron más publicidad, sobre todo en Alemania, Austria y Suiza. Uno de los casos más escandalosos fue el del P. Christoph Simonsen. En 2003, organizó cinco ceremonias de bendición de parejas homosexuales ante trescientos asistentes en su iglesia Maria Hilf (María Auxiliadora) de Mönchengladbach, diócesis de Aquisgrán, durante una Liturgia de la Palabra con oraciones y lecturas bíblicas, en la que la pareja homosexual se sentaba en primera fila. Al explicar sus actividades al consejo presbiteral diocesano, el P. Simonsen dijo que "fortalecer a las parejas estables del mismo sexo" tiene un "poder liberador".[150]

Quizás el caso que más titulares acaparó ocurrió en febrero de 2021 en la Argentina natal del Papa Francisco. En la ciudad patagónica de Ushuaia, un párroco salesiano celebró, "durante

---

148. Ver CHRISTA PONGRATZ-LIPPITT, "Cardinal leads first-ever AIDS Day requiem in Vienna cathedral", *La Croix*, 4-12-2017, https://international.la-croix.com/news/culture/cardinal-leads-first-ever-aids-day-requiem-in-vienna-cathedral/6492. Ver también *Conchita Wurst*, Wikipedia, La enciclopedia libre, consultado 23-5-2024, https://es.wikipedia.org/wiki/Conchita_Wurst.

149. Ver JOSEF WALLNER, "Mehr als ein normaler Segen", *Kirchenzeitung.at*, 28-4-2020, https://www.kirchenzeitung.at/site/themen/gesellschaftsoziales/mehr-als-ein-normaler-segen.

150. "Riskanter Segen für gleichgeschlechtliche Paare", *Spiegel Panorama*, 9-8-2003, https://www.spiegel.de/spiegel/vorab/a-260660.html.

una ceremonia religiosa que tuvo todos los componentes tradicionales del culto católico", la unión entre el secretario de Educación y el subsecretario de Diversidad de la provincia de Tierra del Fuego. Este último funcionario es un transexual que se presenta como mujer. Asistieron el gobernador provincial y varios de los miembros de su gabinete, así como el exgobernador en cuyo mandato se celebró el primer "matrimonio" civil homosexual de América Latina, en 2009. Durante la ceremonia, "se leyó el Evangelio, se realizó la promesa de fidelidad de los cónyuges, se rezó el Padre Nuestro y el Ave María, y comulgaron los novios y varios de los 60 feligreses presentes".[151] El transexual en el papel de novia declaró: "Hablamos con el P. Fabián, con la idea de hacer esta ceremonia, y él aceptó. Nos dijo que solo evalúa de las personas su capacidad de amar. Por supuesto hizo consultas con el obispado".[152]

En un comunicado posterior, el obispo se limitó a decir que "no se autorizó desde este obispado dicha celebración" y que "el sacerdote en cuestión ya fue advertido convenientemente". Y añadió: "Acompañamos a todas las personas sin excepción alguna en su legítimo deseo de recibir la bendición de Dios, dejamos constancia de que en este caso no se trata del sacramento del matrimonio tal como lo cree y sostiene la Iglesia".[153] ¿Quién era este obispo? Era Mons. Jorge Ignacio García Cuerva, a quien el Papa Francisco promovió más tarde como arzobispo de Buenos Aires y primado de Argentina.

---

151. "Un hombre y una mujer trans se casaron por iglesia en Ushuaia con todos los ritos del catolicismo", *La Voz*, 6-2-2021, https://www.lavoz.com.ar/ciudadanos/un-hombre-y-una-mujer-trans-se-casaron-por-iglesia-en-ushuaia-con-todos-ritos-del-catolic/.
152. "'Ni perder la fe ni dejar de ser hija de Dios'", *Rueda de Prensa*, 8-2-2021, https://ruedadeprensa.com.ar/2021/02/08/ni-perder-la-fe-ni-dejar-de-ser-hija-de-dios/.
153. "El obispo de Río Gallegos dice que no autorizó la ceremonia ni hubo matrimonio en la profanación oficiada por un salesiano", *InfoCatólica*, 9-2-2021, https://www.infocatolica.com/?t=noticia&cod=39795.

Los sacerdotes que violaban abiertamente las disposiciones canónicas y las normas establecidas en los documentos de la Santa Sede rara vez fueron castigados. El caso más elocuente fue el del dominico maltés fray Mark Montebello, que en 2015 bendijo los anillos durante una ceremonia privada de compromiso de dos conocidos homosexuales. Una foto del episodio se publicó en Facebook, lo que provocó un reportaje en el principal periódico de Malta y una gran polémica. Sin embargo, inmediatamente se creó un grupo de Facebook en apoyo del sacerdote. El arzobispo, Mons. Charles Scicluna, y el superior de los frailes dominicos de la isla convocaron al infractor a una reunión, tras la cual no recibió ninguna sanción. En un comunicado, la arquidiócesis manifestó:

Durante la cordial reunión, el arzobispo animó al P. Mark a proseguir su labor de acercamiento a los homosexuales y le pidió que siguiera la práctica y la disciplina de la Iglesia en su ministerio, especialmente en la celebración de los sagrados ritos y los rituales eclesiásticos.

El P. Mark agradeció al arzobispo y al vicario general por su apoyo y acordó que, en su ministerio pastoral con los homosexuales, continuaría siguiendo las prácticas y la disciplina de la Iglesia.[154]

Esta impunidad animó al sector progresista de la Iglesia a defender la necesidad de una aceptación oficial de estas ceremonias de bendición y la preparación de un ritual específico para las uniones homosexuales. Esta presión fue particularmente intensa en Austria y Alemania.

---

154. ROBERT SHINE, "Priest Blesses Same-Gender Couple's Engagement in Malta; Archbishop Remains Calm", *New Ways Ministry*, 15-4-2015, https://www.newwaysministry.org/2015/04/15/priest-blesses-same-gender-couples-engagement-in-malta-archbishop-remains-calm.

En 2015, durante el Sínodo sobre la Familia, el Comité Central de los Católicos Alemanes (ZdK) propuso "un mayor desarrollo de las formas litúrgicas, en particular las bendiciones para uniones del mismo sexo, para nuevas uniones de divorciados y para importantes decisiones en la vida familiar".[155] Varios obispos alemanes reiteraron posteriormente esta propuesta. En enero de 2018, Mons. Franz-Josef Bode, obispo de Osnabrück, dijo en una entrevista con periodistas alemanes que era posible bendecir uniones del mismo sexo en las iglesias católicas de Alemania.[156] Al mes siguiente, el cardenal Reinhard Marx, arzobispo de Múnich y Freising, entonces presidente de la Conferencia Episcopal Alemana, insinuó en una entrevista que tales bendiciones eran posibles.[157]

Al año siguiente, la prestigiosa editorial Herder publicó el libro *Mit Dem Segen Der Kirche?: Gleichgeschlechtliche Partnerschaft Im Fokus Der Pastoral* (¿Con la bendición de la Iglesia? Las uniones homosexuales en el punto de mira de la pastoral), bajo la dirección de Stephan Loos, Michael Reitemeyer y Georg Trettin, con prólogo de Mons. Franz-Josef Bode, obispo de Osnabrück, y Mons. Stefan Hesse, arzobispo de Hamburgo. También incluía una antología de conferencias pronunciadas en un simposio de la Academia de la Diócesis de Osnabrück sobre la posibilidad de bendecir ceremonias para uniones homosexuales. Según Loos, las opciones dentro del derecho canónico ya existen:

---

155. ZdK, "Zwischen Lehre und Lebenswelt Brücken bauen—Familie und Kirche in der Welt von heute", *ZdK.de*, consultado 19-4-2024, https://www.zdk.de/veroeffentlichungen/erklaerungen/detail/Zwischen-Lehre-und-Lebenswelt-Bruecken-bauen-Familie-und-Kirche-in-der-Welt-von-heute-225w/.

156. Ver "Bischof Bode für Segnung von Homo-Paaren", *NDR.de*, 10-1-2018, https://web.archive.org/web/20180110181002/https://www.ndr.de/nachrichten/niedersachsen/Bischof-Bode-fuer-Segnung-von-Homo-Paaren,segnung100.html.

157. Ver "Kardinal Marx und die Segnung von Homo-Paaren", *Katholisches.info*, 5-2-2018, https://katholisches.info/2018/02/05/kardinal-marx-und-die-segnung-von-homo-paaren/.

"En determinadas condiciones, un obispo local puede dictar normas para la liturgia, que también pueden incluir bendiciones".[158]

En 2020, la Comisión de Liturgia de la Conferencia Episcopal Austriaca, presidida por Mons. Franz Lackner, arzobispo de Salzburgo, pidió a los teólogos litúrgicos Ewald Volgger y Florian Wegscheider que elaboraran un estudio con aportaciones de diversos especialistas sobre la posibilidad de dar una bendición oficial a las uniones homosexuales. El resultado fue la obra *Benediktion von gleichgeschlechtlichen Partnerschaften* (Bendición de uniones homosexuales), publicada por la Universidad Católica de Linz. La primera parte del libro trata de los "matrimonios" entre personas del mismo sexo en Austria desde un punto de vista ético y bíblico. La segunda parte trata de los aspectos litúrgicos y ofrece sugerencias para los rituales de bendición.[159]

En vista de la difusión de ceremonias públicas de bendición de parejas homosexuales, así como de estudios y declaraciones favorables a las mismas, un obispo envió a la Congregación para la Doctrina de la Fe una consulta, en forma de *dubium*, sobre la licitud de tales bendiciones. Después de estudiar la cuestión en detalle, el 15 de marzo de 2021, la Congregación publicó el *Responsum* mencionado en el primer capítulo, que esencialmente dice que la Iglesia no tiene poder para bendecir uniones del mismo sexo, ya que lo que se bendice debe estar objetiva y positivamente de acuerdo con los designios de Dios.[160] Tanto el prefecto de la Congregación, cardenal Luis Ladaria, como el secretario, arzobispo Giacomo Morandi, firmaron el *Responsum*.

158.Christoph Paul Hartmann, "Ist ein Segen für homosexuelle Paare möglich?", *Katholisch.de*, 29-8-2019, https://www.katholisch.de/artikel/22758-ist-ein-segen-fuer-homosexuelle-paare-moeglich.

159.Ver Christa Pongratz-Lippitt, "New book charts path to same-sex benedictions", *The Tablet*, 6-5-2020, https://www.thetablet.co.uk/news/12869/new-book-charts-path-to-same-sex-benedictions.

160.Ver Congregación para la Doctrina de la Fe, "Responsum".

En el *Angelus* del domingo siguiente, el Papa Francisco dijo en dos ocasiones que el estilo de Dios es de "cercanía, compasión y ternura", que debe sembrarse "no con condenas teóricas, sino con gestos de amor", superando "incomprensiones, dificultades o persecuciones, o pretensiones de legalismos o moralismos clericales".[161] Según el corresponsal de *America* en Roma, fuentes vaticanas bien informadas interpretaron estas palabras del Papa como una alusión a la declaración de la Congregación para la Doctrina de la Fe y su distanciamiento de la misma.

En cualquier caso, una semana después, unos 120 sacerdotes alemanes convocaron la iniciativa *Liebe Gewinn* (El amor gana), invitando a las parejas que vivían juntas en uniones no matrimoniales, incluidos los homosexuales, a recibir una bendición en sus parroquias o capillas. Durante las ceremonias, las mujeres predicaron desde los púlpitos, lo cual también está prohibido por la disciplina de la Iglesia Católica.

Al mismo tiempo, 230 teólogos de habla alemana firmaron una protesta redactada por un grupo de trabajo de la Universidad de Münster contra el *Responsum* de la Congregación, en la que afirmaban: "Creemos que la vida y el amor de las parejas del mismo sexo no valen menos ante Dios que la vida y el amor de cualquier otra pareja".[162] Dos sacerdotes de Wurzburgo recogieron más de 2.000 firmas de apoyo de sus feligreses.

Muchas iglesias alemanas ondearon banderas arco iris desde sus campanarios o pórticos en protesta por la postura de la Santa

---

161. GERARD O'CONNELL, "Vatican sources suspect Pope Francis was distancing himself from CDF statement on same-sex unions in address", *America*, 21-3-2021, https://www.americamagazine.org/faith/2021/03/21/pope-francis-same-sex-unions-statement-240291; PAPA FRANCISCO, "Angelus, Biblioteca del Palacio Apostólico. Domingo, 21 de marzo de 2021", *Vatican.va*, https://www.vatican.va/content/francesco/es/angelus/2021/documents/papa-francesco_angelus_20210321.html.

162. "More than 230 German theologians protest Vatican statement against blessings for same-sex unions", *America*, 22-3-2021, https://www.americamagazine.org/faith/2021/03/22/germany-theologians-same-sex-unions-blessing-vatican-240293.

Sede. Al año siguiente, la iniciativa *Liebe Gewinn* se llevó a cabo nuevamente en el mes de mayo en más de cien iglesias católicas de Alemania, entre ellas la catedral de Magdeburgo. En Essen, el obispo auxiliar, Mons. Ludger Schepers participó en el acto en el mercado de la iglesia, siendo la primera vez que un obispo católico bendecía públicamente a parejas homosexuales.[163]

Haciendo oídos sordos a este *Responsum* oficial, que el Papa Francisco aprobó a regañadientes a principios de 2022, la diócesis de Lieja, en la Bélgica francófona, publicó un folleto titulado "Acoger, acompañar, llevar en la oración el proyecto de vida compartido por las personas homosexuales". Fue presentado al Papa Francisco en julio de ese año. Dos meses después, los obispos de lengua flamenca, encabezados por el cardenal Jozef De Kesel, entonces presidente de la Conferencia Episcopal Belga, publicaron un documento de tres páginas titulado "Estar pastoralmente cerca de los homosexuales: Por una Iglesia de acogida que no excluya a nadie". En él se afirmaba: "Esta relación, aunque no sea un matrimonio eclesiástico, también puede ser una fuente de paz y felicidad compartida para los involucrados". El texto termina con una "Oración por el amor y la fidelidad", que fue ampliamente acogida como liturgia para la bendición de parejas homosexuales.[164]

El cardenal Hollerich apoyó a los obispos flamencos. A la pregunta de *Vatican Media*, el portal oficial de la Santa Sede, sobre si la liturgia propuesta podría seguir adelante incluso después de la prohibición de la Santa Sede, respondió: "Francamente, la cuestión no me parece que esté resuelta".[165]

---

163. Ver "Erster Bischof bei Segnung queerer Paare dabei", *Die Tagespost*, 10-5-2022, https://www.die-tagespost.de/kirche/aktuell/erster-bischof-bei-segnung-queerer-paare-dabei-art-228419.

164. "Belgian bishops publish text for same-sex blessings", *The Pillar*, 20-9-2022, https://www.pillarcatholic.com/p/belgian-bishops-signal-approval-of-same-sex-blessings.

165. ANDREA MONDA & ROBERTO CETERA, "Hollerich: la Iglesia debe cambiar. Se arriesga hablar con un hombre que ya no está", *Vatican News*, 28-10-2022, https://www.vaticannews.va/es/

En marzo de 2023, el Camino Sinodal alemán aprobó por amplia mayoría un documento titulado "Ceremonias de bendición para parejas que se aman". Desafiando al Vaticano, treinta y ocho obispos votaron a favor, solo nueve votaron en contra y once se abstuvieron cobardemente.[166]

Lo más escandaloso es que la principal contribución para este voto favorable provino de un discurso del obispo Johan Bonny. En él relató que, durante la última visita *ad limina*, los obispos flamencos presentaron al Papa Francisco el texto de una ceremonia litúrgica para bendecir a las parejas en uniones extramatrimoniales, incluidas las parejas homosexuales. El prelado afirma: "El Papa respondió: 'Es su decisión, lo entiendo'. Dos veces [el Papa] preguntó: '¿Están todos de acuerdo, están todos juntos en esto?' Respondimos afirmativamente".[167]

Preocupados por este verdadero tsunami que apunta a una posible apertura de la Iglesia a este tipo de ceremonias, agravado aún más por las propuestas presentadas en los debates preparatorios del Sínodo sobre la Sinodalidad, cinco cardenales incluyeron entre las *dubia* que presentaron al Papa Francisco sobre el Sínodo sobre la Sinodalidad, un *dubium* que preguntaba: "¿Es posible que, en algunas circunstancias, un pastor pueda bendecir uniones entre personas homosexuales, sugiriendo así que el comportamiento homosexual como tal no sería contrario a la ley de Dios y al camino de la persona hacia Dios?" [168] El Papa respondió:

vaticano/news/2022-10/hollerich-sinodo-parte-continental-la-iglesia-el-hombre.html.

166. Ver JONATHAN LIEDL, "German Synodal Way approves same-sex blessings, lay preaching, and reexamination of priestly celibacy", *Catholic News Agency*, 10-3-2023, https://www.catholic-newsagency.com/news/253842/german-synodal-way-approves-same-sex-blessings-lay-preaching-and-reexamination-of-priestly-celibacy.

167. "Belgique: le pape a accepté la bénédiction des couples de même sexes [MAJ]", *LaPorteLatine.org*, 23-3-2023, https://laportelatine.org/actualite/belgique-le-pape-a-accepte-la-benediction-des-couples-de-meme-sexes.

168. LUKE COPPEN, "Cardinals ask Pope Francis to answer synod 'dubia'", *The Pillar*, 2-10-2023, https://www.pillarcatholic.com/p/cardinals-ask-pope-francis-to-answer.

"La defensa de la verdad objetiva no es la única expresión de esa caridad ...

Por ello la prudencia pastoral debe discernir adecuadamente si hay formas de bendición, solicitadas por una o por varias personas, que no transmitan una concepción equivocada del matrimonio".[169]

Con estas declaraciones, el Pontífice levantó el velo de lo que se convirtió, pocos meses después, en la disposición primordial de *Fiducia supplicans*. Sin aceptar plenamente las propuestas de ceremonias litúrgicas formales —lo que supondría cambiar la doctrina sobre la moral sexual y el matrimonio—, el documento del cardenal Fernández inventa una extensión pastoral del concepto de bendición que, contradictoriamente, no implicaría supuestamente la aprobación de la realidad pecaminosa de la relación que se bendice.

Debido a su ambigüedad, esta solución intermedia entre la negación formal del *Responsum* del cardenal Ladaria y la aprobación formal de las relaciones homosexuales deseada por los obispos de lengua alemana y el Camino Sinodal alemán es necesariamente precaria. Sin embargo, allana el camino para un cambio de doctrina, como desea el movimiento homosexual.

---

169. DICASTERIO PARA LA DOCTRINA DE LA FE, "'Dubia' de dos Cardenales (10 de julio de 2023) y 'Respuestas' del Santo Padre 'a los Dubia propuestos por dos Cardenales'" (11 de julio de 2023), *Vatican.va*, https://www.vatican.va/roman_curia/congregations/cfaith/documents/rc_con_cfaith_risposta-dubia-2023_sp.html.

CAPÍTULO 11

El objetivo final:
cambiar el Catecismo de la Iglesia Católica

Ya desde los años 70, teólogos, moralistas y agentes pastorales comprometidos en la promoción de la causa homosexual insistían en que solo había una forma de eliminar la discriminación de la que supuestamente eran víctimas los homosexuales en la Iglesia Católica. Era lograr que su magisterio aceptara el "descubrimiento" de la ciencia moderna, especialmente después de Sigmund Freud, de que la atracción por el mismo sexo y los actos homosexuales no son una anormalidad, sino una mera variante de la sexualidad humana. La consecuencia de esta necesaria "actualización" de la doctrina católica sería eliminar los actos homosexuales consentidos entre adultos de la lista de pecados contra el Sexto Mandamiento cuando se realizan en el contexto de una pareja estable.

Después de las condenas de la Congregación para la Doctrina de la Fe contra los autores que promovían esta evolución doctrinaria —que naturalmente incluían una "relectura" de los pasajes bíblicos que condenaban dichas relaciones como depravadas—, los promotores de la agenda homosexual en la Iglesia bajaron su perfil durante los pontificados de los Papas Juan Pablo II y Benedicto XVI. Con la llegada del Papa Francisco y su catequesis de "¿Quién soy yo para juzgar?", estas exigencias han vuelto a proclamarse, primero en voz baja y luego a los cuatro vientos. Un obstáculo inmediato es la enseñanza del Catecismo de la Iglesia Católica de que la atracción hacia el mismo sexo es "objetivamente desordenada", y que "los actos homosexuales son intrínsecamente desordenados" y calificados en las Escrituras como "depravaciones graves".[170]

El P. James Martin es quizás el propugnador más abierto del cambio del Catecismo. Presenta sus enseñanzas como degradantes para las personas que sufren de atracción hacia el mismo sexo. En su libro *Building a Bridge* (Tender un puente), el P. Martín analiza y critica la actitud de la Iglesia Católica hacia los católicos homosexuales. En cuanto a llamar *desordenada* la atracción hacia personas del mismo sexo, escribe: "La frase se relaciona con la orientación, no con la persona, pero aún así es innecesariamente hiriente. ... Así que llamar a la sexualidad de una persona 'objetivamente desordenada' es decirle que todo su amor ... está desordenado. Eso parece innecesariamente cruel".[171]

El jesuita estadounidense animador de *Outreach* sugiere cambiar la expresión por *diferentemente ordenada*, lo que implicaría —como señaló acertadamente el canonista P. Gerald Murray— "que Dios creó dos órdenes diferentes de comportamiento sexual que son a la vez buenos y correctos según su voluntad: Algunas personas son homosexuales por designio expreso de Dios y otras son heterosexuales por designio expreso de Dios".[172] Si la inclinación es simplemente diferente, y no desordenada, enton-

---

170.*Catecismo de la Iglesia Católica*, n.º 2357-2358.
171.JAMES MARTIN, S.J., *Building a Bridge: How the Catholic Church and the LGBT Community Can Enter Into a Relationship of Respect, Compassion and Sensitivity* (San Francisco: HarperOne, 2017), p. 46-47.
172.GERALD E. MURRAY, "Father James Martin Proposes an Alternate Catechism", *National Catholic Register*, 10-7-2017, https://www.ncregister.com/features/father-james-martin-proposes-an-alternate-catechism.

ces actuar según esa inclinación es simplemente diferente y no desordenado. La actividad homosexual sería un comportamiento natural para las personas "diferentemente ordenadas". Sutilmente, insinúa que Dios creó de forma intencionada a algunas personas para ser homosexuales. Les dice a los católicos homosexuales que reflexionen sobre esta pregunta: "Dios, que solo crea cosas buenas, hizo tus 'partes internas'. ¿Cómo te hace sentir eso contigo mismo?" [173] Y en una oración final a Dios, el homosexual le dice: "Jesús me comprende y me ama con un amor especial, por la forma en que tú [Dios] me hiciste".[174] Por lo tanto, cualquier desaprobación de la atracción hacia personas del mismo sexo e incluso de la actividad homosexual sería un ataque al plan de Dios.

Cuando el periódico diocesano de Linz le preguntó si la introducción de una bendición oficial exigiría un cambio en el Catecismo, el P. Erwald Volgger, redactor del estudio sobre las bendiciones encargado por los obispos austriacos, respondió: "Por supuesto, porque una liturgia oficial de la Iglesia debe tener su fundamento en la doctrina de la Iglesia. No hay otro camino". Y añade: "Las enseñanzas de la Iglesia tienen una resonancia social cada vez menor y la Iglesia —en particular, la teología moral— aboga por nuevos enfoques para la evaluación de la sexualidad entre personas del mismo sexo".[175]

El cardenal Jean-Claude Hollerich es otro de los líderes de la Iglesia que ha pedido una nueva valoración de la homosexualidad. Un reportero de la agencia de noticias católica alemana KNA le preguntó: "¿Cómo consigue eludir la enseñanza de la Iglesia de que la homosexualidad es pecado?". Él respondió:

"Creo que eso es falso. ...

173.Martin, *Building a Bridge*, p. 113-14.
174.Martin, p. 146.
175.Josef Wallner, "Mehr als ein normaler Segen", *Kirchen zeitung*, 28-4-2020, https://www.kirchenzeitung.at/site/themen/gesellschaftsoziales/mehr-als-ein-normaler-segen.

Por tanto, creo que el fundamento sociológico-cien-
tífico de esta enseñanza ha dejado de ser correcto, lo que
antes se condenaba era la sodomía".[176]

En otra entrevista con *Glas Koncila*, un medio de prensa católico croata, el cardenal se justificó diciendo: "Cuando se elabo-
ró la doctrina de la Iglesia, el término homosexualidad ni siquiera
existía. Homosexualidad es una palabra nueva; incluso en tiempos de san Pablo, la gente no tenía ni idea de que podía haber
hombres y mujeres atraídos por el mismo sexo".

El periodista entonces preguntó: "¿Qué me dice de las nu-
merosas represiones de Pablo a la sodomía?". Sin pestañear, el
cardenal replicó: "La sodomía era vista en aquella época como
algo meramente orgiástico, típico de personas casadas que entre-
tenían a sus esclavos por lujuria personal. Pero, ¿cómo se puede
condenar a personas que no pueden amar excepto al mismo sexo?
Para algunos de ellos es posible ser castos, pero llamar a otros a
la castidad parece como hablarles en egipcio".

Desde el punto de vista histórico, las afirmaciones del cardenal Hollerich sobre la homosexualidad en el mundo antiguo carecen de fundamento, particularmente en lo que respecta a Grecia,
donde la pederastia era una institución social y cuya mitología
pagana incluía algunas relaciones homoeróticas. Independientemente del registro histórico, al escribir a los corintios (véase 1
Cor 6, 9 en la Septuaginta transliterada), san Pablo condena a los
arsenokoitas (hombre que se acuesta con hombre) y a los *malakoi*
(literalmente: "suave, sedoso, delicado"), es decir, a los partícipes
tanto activos como pasivos de una relación homosexual mascu-
lina. No se refiere a un esclavo, sino a una pareja que consiente.
Más escandalosa es la afirmación del cardenal de que la castidad

---

176. SIMON CALDWELL, "Cardinal Hollerich: Church teaching on gay sex is 'false' and can be changed", *The Catholic Herald*, 3-2-2022, https://catholicherald.co.uk/cardinal-hollerich-church-
teaching-on-gay-sex-is-false-and-can-be-changed/.

solo es posible para algunos. ¿Cree en el poder de la gracia de Dios? A juzgar por esta entrevista, parece que no.

"¿Anula eso su llamado a la castidad?", insistió el entrevistador. El cardenal respondió: "Solo podemos exigir a las personas una conducta moral que puedan soportar en su mundo. Si les pedimos cosas imposibles, las desalentaremos. Si decimos que todo lo que hacen es intrínsecamente malo, es como decirles que su vida no tiene valor".

El periodista insistió: "Perdone nuestra analogía, pero ¿no está mal decirle a alguien que se inclina a robar que no robe demasiado? ¿No deberíamos simplemente decir: 'No robarás'?". El cardenal Hollerich respondió: "Sí, por supuesto que deberíamos. Pero una persona con tendencia a robar puede arreglárselas sin robar. Una persona homosexual siempre amará a personas de su mismo sexo. No debemos reducir la homosexualidad a tener relaciones sexuales desordenadas. Esa es una manera muy burda de entender a una persona humana".[177]

Una vez más preguntamos: ¿Cree el arzobispo jesuita de Luxemburgo en la gracia de Dios? Si, con ayuda sobrenatural, alguien muy atraído hacia el robo "puede arreglárselas sin robar", ¿por qué una persona atraída por el mismo sexo no puede vivir castamente?

Otras conferencias episcopales han llegado a compartir esta opinión de que es necesario actualizar la doctrina católica sobre la sexualidad humana. Por ejemplo, algunos obispos franceses han pedido recientemente al Papa que modifique el *Catecismo de la Iglesia Católica* para que deje de condenar los actos homosexuales como "intrínsecamente desordenados"y "contrarios a la ley natural". La Conferencia Episcopal Francesa ha nombrado inclu-

---

177.Luka Tripalo, "Cardinal Jean-Claude Hollerich on Synodal challenges, the 'woman' question, and the disputes with Church's teaching", *Glas-Koncila.hr*, 27-10-2023, https://www.glas-koncila.hr/cardinal-jean-claude-hollerich-on-synodal-challenges-the-woman-question-and-the-disputes-with-churchs-teaching/.

so una comisión de teólogos para estudiar la reformulación de la doctrina sobre esta cuestión.[178]

Una vez que la atracción por el mismo sexo se considera congénita e impuesta por Dios a la persona, y las relaciones homosexuales en pareja estable se consideran no pecaminosas, el camino queda abierto para reconocer como familia al grupo humano formado por las parejas homosexuales y los hijos previamente nacidos o legalmente adoptados. De ahí que el Papa Francisco insista en que se reconozcan legalmente las uniones civiles de parejas homosexuales.[179] Sin embargo, eso no es suficiente porque para beneficiarse de una "inclusión radical" en la vida de la Iglesia, los católicos progresistas quieren dar a las parejas homosexuales un estatus teológico, aunque no sea el del matrimonio propiamente dicho.

Un intento de reconocer doctrinalmente a dichas parejas homosexuales como familias genuinas se produjo durante el primer Sínodo sobre la Familia, en octubre de 2014. Para sorpresa de los padres sinodales, en la *Relatio post disceptationem*, es decir, el informe posterior a los debates, apareció un apartado sobre la acogida de los homosexuales. Fue introducido por el secretario especial del Sínodo, el arzobispo Bruno Forte, sin que el tema hubiera sido ampliamente debatido en los grupos lingüísticos más pequeños.[180]

El informe afirmaba que "las personas homosexuales tienen dones y cualidades que ofrecer a la comunidad cristiana", puesto que "hay casos en los que el apoyo mutuo hasta el [auto]sacrificio

178. Ver MARGUERITE DE LASA & MALO TRESCA, "Homosexualité: Dans l'Église de France, des initiatives pour faire bouger le discours", *La Croix*, 3-3-2023, https://www.la-croix.com/Religion/Homosexualite-lEglise-France-initiatives-faire-bouger-discours-2023-03-03-1201257664.

179. Ver DOMINIQUE WOLTON, *Politique et société: Pape François, rencontres avec Dominique Wolton* (París: Ed. L'Observatoire, 2017), p. 321-322.

180. Ver "Controversy prompts Vatican to clarify synod midterm", *Catholic News Agency*, 14-10-2014, https://www.catholicnewsagency.com/news/30714/controversy-prompts-vatican-to-clarify-synod-midterm.

es un valioso apoyo para la vida de la pareja". Y se preguntaba si las comunidades serían capaces de ofrecerles una buena acogida "aceptando y valorando su orientación sexual" (acompañada, por supuesto, de esta piadosa frase:) "sin comprometer la doctrina católica sobre la familia y el matrimonio".[181] Estos párrafos fueron excluidos del informe final y no aparecieron en la controvertida exhortación postsinodal *Amoris laetitia*.

Sin embargo, dos declaraciones tuvieron un impacto significativo en aquellos meses. La primera fue la entrevista que Mons. Johan Bonny, obispo de Amberes, concedió al periódico flamenco *De Morgen*, en la que afirmaba: "Los valores sustantivos son más importantes para mí que la cuestión institucional. La ética cristiana presupone relaciones duraderas en las que la exclusividad, la fidelidad y el cuidado mutuo son centrales". También afirmó: "Dentro de la Iglesia, tenemos que buscar un reconocimiento formal de la relación que también está presente en muchas parejas homosexuales. Al igual que en la sociedad existe una diversidad de marcos legales para las parejas, debe haber diversas formas de reconocimiento [en la Iglesia]".[182]

La segunda postura que tuvo repercusión fue una entrevista al cardenal Christoph Schönborn, arzobispo de Viena y uno de los ponentes de los Sínodos sobre la Familia, en la revista jesuita *La Civiltà Cattolica*. En ella relataba que, durante el Sínodo, insistió en la analogía que podía establecerse entre las parejas de hecho no casadas y las Iglesias cristianas separadas de Roma. Así como estas últimas tienen (según el Concilio Vaticano II) elementos de verdad y santidad y tienden a la unidad católica, las uniones civiles contienen también aspectos positivos de compromiso más

---

181. "'Relatio post disceptationem' del Relatore generale, Card. Péter Erdő" (13-10-2014), n.º 50, *Vatican.va*, https://press.vatican.va/content/salastampa/it/bollettino/pubbli-co/2014/10/13/0751/03037.html.

182. Remy Amkreutz & Koen Vidal, "Bonny wil kerkelijke erkenning holebi's", *DeMorgen.be*, 27-12-2014, https://www.demorgen.be/nieuws/bonny-wil-kerkelijke-erkenning-hole-bi-s~b6075518/.

significativos que la simple cohabitación, lo que las acerca al matrimonio sacramental. Por tanto, concluyó el cardenal, "debemos mirar las múltiples situaciones de convivencia no solo desde el punto de vista de lo que falta, sino también desde el punto de vista de lo que ya está prometido, de lo que ya está presente".[183]

Estas propuestas culminaron con la participación oficial de parejas extramatrimoniales en el Encuentro Mundial de las Familias organizado por el Dicasterio para los Laicos, la Familia y la Vida en Irlanda en 2018, poco después de que ese país aprobara en referéndum el mal llamado matrimonio igualitario. "Aunque la Iglesia defiende el ideal del matrimonio como un compromiso permanente entre un hombre y una mujer, existen otras uniones que proporcionan apoyo mutuo a [sus integrantes]", decía un folleto oficial titulado *La visión cristiana de la familia*. "El Papa Francisco nos anima a no excluir nunca, sino a acompañar también a estas parejas con amor, atención y apoyo".[184] En la versión original, este texto aparecía sobre una imagen de dos personas abrazadas, una de ellas con un arco iris impreso en la mano.

Se llamen como se llamen estas uniones homosexuales reconocidas por la Iglesia y sea cual sea el tipo de bendición empleado para instituirlas, al final serán perfectamente comparables a un matrimonio entre un hombre y una mujer unidos por el sacramento.

Según el ya citado P. Erwald Volgger, redactor del estudio sobre las bendiciones encargado por la jerarquía austriaca, la bendición que les une no será un sacramento, sino comparable a la profesión religiosa o a la toma de posesión de un abad. He aquí

---

183. ANTONIO SPADARO, "Matrimonio e conversion pastorale: Intervista al cardinale Christoph Schönborn", *La Civiltà Cattolica*, 26-9-2015, https://www.laciviltacattolica.it/articolo/matrimonio-e-conversione-pastorale-intervista-al-cardinale-christoph-schonborn/.

184. MICHAEL J. O'LOUGHLIN, "Global meeting of Catholic families in Dublin to include outreach to L.G.B.T. people", *America*, 20-10-2017, https://www.americamagazine.org/faith/2017/10/20/global-meeting-catholic-families-dublin-include-outreach-lgbt-people.

un pasaje de la entrevista que concedió a la oficina de prensa de la diócesis de Linz:

> *P: "¿Qué significa la bendición de parejas del mismo sexo?"*
>
> *R: "Volgger: Una bendición no es un sacramento; no está al mismo nivel que el sacramento del matrimonio, pero es un acto oficial de bendición ... como lo es una profesión religiosa, la investidura de un abad, una ceremonia de compromiso y cosas similares. En términos concretos, esto significaría que, tal como el matrimonio entre un hombre y una mujer es imagen del amor creador de Dios, una relación entre personas del mismo sexo es también imagen del afecto de Dios por las personas".*

Asimismo, insiste en que si las parejas homosexuales son fieles entre sí, se ayudan con amabilidad y paciencia y muestran benevolencia, su relación es una imagen de la bondad de Dios. Desde una perspectiva teológica, añade que una bendición tendría un carácter oficial que "expresa el compromiso de la Iglesia con la fidelidad y la exclusividad de la relación".[185]

El error central del argumento principal del P. Volgger es que, incluso en los peores pecados que un hombre puede cometer, siempre hay algún bien relativo involucrado como motivación de la mala acción. Dentro de la lógica de su falsa premisa, uno podría condonar el robo, puesto que la apropiación de lo ajeno por parte de un ladrón suele ser movida por el deseo de asegurar su futuro y el de su hogar, lo cual es un reflejo de la Divina Providencia.

De ahí que la etiqueta que se le ponga a estas bendiciones sea secundaria porque, según el mismo teólogo austriaco, la gracia de Dios está presente tanto en la bendición nupcial como en la de

---

185.WALLNER, "Mehr als ein normaler Segen".

una unión homosexual. Esto es lo que afirma en otra entrevista concedida al portal alemán *Katolisch.de*, que le pregunta si el objetivo último es equiparar ambas situaciones: "Cuando el magisterio de la Iglesia reconoce la relación entre personas del mismo sexo como un desarrollo mutuo de la vocación bautismal, expresa que Dios está presente y actúa mediante Jesucristo. Esto constituye el carácter sacramental de la relación. Ponerle nombre no es el objetivo primordial. Lo esencial es el reconocimiento del modo de vida compartido de dos compañeros del mismo sexo unidos por Dios. Esta dimensión teológica de la gracia recibe muy poca atención en el debate".[186]

El teólogo suizo Daniel Bogner va más allá que su colega austriaco. En un artículo para el portal *Katolisch.de*, aboga por una nueva comprensión del significado del sacramento del matrimonio, liberándolo de su "cascarón de perfección" para que las uniones extramatrimoniales, adúlteras y homosexuales no sean discriminadas por ofrecérseles una bendición devaluada. Según él, quienes piden a la Iglesia que reconozca su unión no distinguen entre una bendición y un sacramento. La Iglesia hace una distinción porque el matrimonio es una imagen de la unión de Cristo con la Iglesia, y de la alianza de Dios con la humanidad, ambas fecundas. En consecuencia, "solo la unión heterosexual se considera 'matrimoniable'". Quienes se presentan ante la Iglesia con un "amor 'irregular'" se ven entonces confrontados con la afirmación de que "su unión no es de ningún modo digna de un sacramento, pero se le puede conceder una bendición". Bogner considera esto discriminatorio. Para salir de este dilema, propone "recalibrar el significado del propio sacramento, en lugar de utilizar una sutil distinción entre bendición y sacramento para restringir el acceso al sacramento de forma elitista e introducir un

---

186. CHRISTOPH PAUL HARTMANN, "Volgger: Nicht nur Segen für homosexuelle Paare, sondern Anerkennung", *Katholisch.de*, 28-4-2020, https://www.katholisch.de/artikel/25706-volgger-nicht-nur-segen-fuer-homosexuelle-paare-sondern-anerkennung.

sistema de teología de la gracia de doble rasero para situaciones de la vida que no pueden ser atendidas por el sacramento, según el lema: sacramento para unos pocos, bendición para un grupo más amplio".

Según Bogner, es urgente considerar la exigente realidad de las parejas de hecho, porque son "un signo de una realidad supra-mundana", que es la esencia de los sacramentos. "El problema es que las realidades mundanas son siempre defectuosas, finitas e imperfectas". Este es precisamente el caso de la institución del matrimonio sacramental. Su carácter formal requiere que sea legalmente sellado e indisoluble, pero el modo en que se vive realmente este matrimonio "no interesa a la doctrina de la Iglesia". Para Bogner, las imperfecciones del hombre deberían incorporarse a la comprensión del sacramento del matrimonio, "haciendo de la vida real de la relación un criterio mucho más importante para la sacramentalidad de la unión matrimonial de lo que ha sido el caso hasta ahora".

Una comprensión renovada del sacramento del matrimonio debería, por tanto, según Bogner, incluir el hecho de que los matrimonios pueden romperse. También podría "resolver la rígida fijación en el sexo biológico y la necesaria heterosexualidad de los cónyuges", puesto que "la fertilidad no tiene por qué entenderse exclusivamente en términos de reproducción biológica".

En vista de lo anterior, y teniendo en cuenta que la Iglesia es un "hospital de campaña", Bogner postula que "es necesario repensar el sacramento del matrimonio y liberarlo de su cascarón de perfección" basado en "los modos reales de amarse entre las personas", liberándolo de "una lógica estratificada que distingue entre un sacramento en 'forma plena' y una oferta de bendición devaluada para tipos 'inferiores' de amor".[187]

187.Daniel Bogner, "Theologian: We need a marriage sacrament for the 'field hospital'", *English.Katholisch.de*, 12-2-2024, https://english.katholisch.de/artikel/51022-theolo-

En otras palabras, según Bogner —que parece ser una buena hoja de ruta para entender lo que el movimiento homosexual espera conseguir en la Iglesia—, en nombre de la "dureza de corazón" del hombre, se necesita revertir la restauración del matrimonio alcanzada por la Redención de Nuestro Señor Jesucristo, según el episodio relatado por san Mateo (19, 3-1), degradándolo a un nivel inferior al que prevalecía en la sociedad pagana al comienzo de la era cristiana.

---

gian-we-need-a-marriage-sacrament-for-the-field-hospital.

CONCLUSIÓN

En una entrevista con el diario italiano *La Stampa*, publicada el 29 de enero de 2024, el Papa Francisco minimizó el amplio alcance de la resistencia a *Fiducia supplicans* diciendo: "Los que protestan con vehemencia pertenecen a pequeños grupos ideológicos".

No pudiendo encuadrar en esta categoría a la mayoría de las conferencias episcopales del África subsahariana, que representan casi una cuarta parte del episcopado mundial, el soberano pontífice relativizó la importancia de sus contundentes prohibiciones de bendecir parejas homosexuales con estas palabras: "Un caso aparte son los africanos, para ellos la homosexualidad es algo 'feo' desde el punto de vista cultural, no la toleran".

Concluyó diciendo que no le preocupaba el riesgo de que los conservadores se separaran de la Iglesia Católica debido a sus reformas, y afirmó que los discursos de cisma siempre son liderados por "pequeños grupos". "Hay que dejarlos estar y pasar … y mirar hacia adelante", dijo. "Confío en que poco a poco todo el mundo vaya comprendiendo el espíritu de la declaración 'Fiducia supplicans'".[188]

Después de recorrer este libro, el lector comprenderá que si existe un pequeño grupo ideológico con inclinaciones cismáticas,

---

188.Almudena Martínez-Bordiú, "Papa Francisco afirma que 'pequeños grupos ideológicos' se oponen a Fiducia supplicans", *ACI Prensa*, 29-1-2024, https://www.aciprensa.com/noticias/102955/papa-francisco-oposicion-a-fiducia-supplicans-proviene-de-pequenos-grupos-ideologicos.

no se encuentra entre los prelados, estudiosos y fieles que defienden la verdad, la bondad y la belleza de la enseñanza tradicional
de la Iglesia. Más bien, se encuentra en ese pequeño grupo de
disidentes progresistas que la Congregación para la Doctrina de
la Fe condenó en la década de 1990. Alentada por las aperturas
del Papa Francisco, ha levantado cabeza y conquistado espacio en
los once años de su pontificado. Sin embargo, esta corriente ho-
moherética carece de apoyo popular incluso en Alemania, donde
controla los órganos que dirigen el Camino Sinodal con el apoyo
de una masiva mayoría de la jerarquía.

El lector comprenderá asimismo que la oposición al movimiento homosexual (cuya agenda no se contentará con una media
bendición "pastoral" ni descansará hasta obtener el pleno reconocimiento del "matrimonio sacramental igualitario") no está mo-
tivada por la "homofobia" (arma semántica que el movimiento
homosexual desplegó para denigrar y paralizar a sus oponentes),
ni por ninguna preferencia estético-cultural. No se trata de si la
homosexualidad es "fea" culturalmente. Se trata, más bien, de
que la homosexualidad es contraria a los designios de Dios y una
grave ofensa contra el sexto mandamiento de su ley. San Pablo es
muy claro al respecto en su Epístola a los Romanos al referirse a
los idólatras, como aquellos que:

> *"Cambiaron la verdad de Dios por la mentira, ado-*
> *rando y dando culto a la criatura y no al Creador ... Por*
> *esto, Dios los entregó a pasiones vergonzosas, pues sus*
> *mujeres cambiaron las relaciones naturales por otras*
> *contrarias a la naturaleza; de igual modo los hombres,*
> *abandonando las relaciones naturales con la mujer, se*
> *abrasaron en sus deseos, unos de otros, cometiendo la*
> *infamia de las relaciones de hombres con hombres y re-*
> *cibiendo en sí mismos el pago merecido por su extravío.*
> *Y como no juzgaron conveniente prestar reconocimiento*

a Dios, los entregó Dios a su mente insensata, para que hicieran lo que no conviene" (Rom 1, 25-28).

El *Catecismo de la Iglesia Católica* consagra esta enseñanza, de la que se han hecho eco durante veinte siglos los Padres y Doctores de la Iglesia, papas, obispos, grandes santos y teólogos moralistas.

Por tanto, la doctrina que condena la homosexualidad forma parte del magisterio ordinario universal de la Iglesia y, como tal, es irreformable. En consecuencia, la noción de que las uniones homosexuales pueden tener algo que merezca ser santificado por una bendición —como *Fiducia supplicans* se esfuerza por imponer a la disciplina pastoral de la Iglesia— es inaceptable.

Tanto más cuanto el recuento que hace este libro deja claro que la presión del movimiento homosexual no se detendrá a medio camino, sino que exigirá, como ya lo hace, bendiciones litúrgicas con rituales similares a los del matrimonio sacramental.

De ahí que los católicos deban mantenerse firmes en un inflexible *non possumus* porque "hay que obedecer a Dios antes que a los hombres" (Hch 5, 29). Si esta respetuosa pero inquebrantable resistencia a la autoridad provoca una escisión en la Iglesia, no será por culpa de quienes defienden el depósito de la fe, esforzándose por mantenerlo intacto, sino de quienes pretenden reinterpretarlo basándose en presuntos avances de la ciencia moderna y en la supuesta evolución de la humanidad.

Como lo afirmó Plinio Corrêa de Oliveira hace treinta años, "habrá entonces un choque interno en la Iglesia, y ese choque producirá una de las mayores convulsiones de la historia".[189]

189.Roberto de Mattei, *Plinio Corrêa de Oliveira: Profeta do Reino de Maria* (São Paulo: Artpress, 2015), p. 359-360.

Cuanto más alto sea el rango de los dignatarios de la Iglesia, mayor será su responsabilidad al permitir cualquier brecha en el dique.

La perspectiva de esta convulsión puede parecer desalentadora para los débiles y los que tienen poca fe. Pero en las almas de quienes están anclados en la fe —por confuso y doloroso que pueda parecer el horizonte—, una voz del Cielo despierta una confianza verdaderamente alentadora: "¡Por fin, mi Corazón Inmaculado triunfará!".

Oremos, pues, confiados en la ayuda de la Providencia y perseveremos en la lucha. "Resistidle, firmes en la fe" (1 Pe 5, 9).

Obras Citadas

Abbott, Matt. "The 'Rainbow Sash Movement' Controversy", *Catholic On-line*. Consultado 26-5-2024. https://www.catholic.org/featured/headline. php?ID=2121&page=2.

Amkreutz, Remy & Koen Vidal. "Bonny wil kerkelijke erkenning hole-bi's", *DeMorgen.be*, 27-12-2014. https://www.demorgen.be/nieuws/bon-ny-wil-kerkelijke-erkenning-holebi-s~b6075518/.

Bartmann, Bernhardt. *Précis de théologie dogmatique*. Mulhouse: Ed. Salvator, 1941.

Binnie, Isla. "Pope accepts disgraced Cardinal O'Brien's resignation from public role". *Reuters*, 20-3-2015. https://www.reuters.com/article/idUSKB-N0MG20U/.

Bogner, Daniel. "Theologian: We need a marriage sacrament for the 'field hospital'". *English.Katholisch.de*, 12-2-2024. https://english.katholisch. de/artikel/51022-theologian-we-need-a-marriage-sacrament-for-the-field-hospital.

Boorstein, Michelle. "D.C. archdiocese: Denying Communion to lesbian at funeral was against 'policy'". *Washington Post*, 29-2-2012. https://www. washingtonpost.com/local/dc-archdiocese-denying-communion-to-les-bian-at-funeral-was-against-policy/2012/02/28/gIQAlIxVgR_story.html.

Bos, David J. "'Equal rites before the law': religious celebrations of same-sex relationships in the Netherlands, 1960s-1990s". *Theology & Sexuality,* vol. 23, n.° 3 (2017): 188–208. https://www.tandfonline.com/doi/full/10.1080/13558358.2017.1351123.

Caldwell, Simon. "Cardinal Hollerich: Church teaching on gay sex is 'false' and can be changed". *The Catholic Herald,* 3-2-2022. https://catholiche-rald.co.uk/cardinal-hollerich-church-teaching-on-gay-sex-is-false-and-can-be-changed/.

Cheng, Patrick S. *Radical Love: An Introduction to Queer Theology*. New York: Church Publishing, 2011.

Clark, J. Michael. *A Place to Start: Toward an Unapologetic Gay Liberation Theology*. Monument, Colo.: Monument Publishing, 1989.

Coday, Dennis. "A cardinal is accused: the Groer case". *National Catholic Reporter*, 4-4-2014. https://www.ncronline.org/blogs/ncr-today/cardinal-ac-cused-groer-case.

Comisión de Asuntos Americanos de la TFP. *¡Defendamos la familia! Por* *qué debemos oponernos al "matrimonio" entre personas del mismo sexo y al movimiento homosexual.* Lima: Tradición y Acción por un Perú Mayor, 2011.

Congregación para la Educación Católica. "Instrucción sobre los Criterios de Discernimiento Vocacional en relación con las personas de tendencias homosexuales antes de su admisión al Seminario y a las Órdenes Sagradas" (4-11-2005). *Vatican.va.* https://www.vatican.va/roman_curia/congrega-tions/ccatheduc/documents/rc_con_ccatheduc_doc_20051104_istruzio-ne_sp.html.

Congregación para la Doctrina de la Fe. "Declaración *Persona humana"* (29-12-1975). https://www.vatican.va/roman_curia/congregations/cfaith/documents/rc_con_cfaith_doc_19751229_persona-humana_sp.html.

———. "Carta a S.E. Mons. John R. Quinn, Presidente de la Conferen-cia Episcopal Norteamericana" (13-7-1979). *Vatican.va.* https://www.vatican.va/roman_curia/congregations/cfaith/documents/rc_con_cfaith_doc_19790713_mons-quinn_sp.html.

———. "Carta al R. D. Charles Curran" (25-7-1986). *Vatican.va.* https://www.vatican.va/roman_curia/congregations/cfaith/documents/rc_con_cfaith_doc_19860725_carlo-curran_sp.html.

———. "Carta a los obispos de la Iglesia Católica sobre la atención pasto-ral a las personas homosexuales" (1-10-1986). *Vatican.va.* https://www.vatican.va/roman_curia/congregations/cfaith/documents/rc_con_cfaith_doc_19861001_homosexual-persons_sp.html.

———. "Nota sobre el libro del P. André Guindon, OMI, 'The Sexual Crea-tors. An ethical proposal for concerned christians'" (31-1-1992). *Vatican.va.* https://www.vatican.va/roman_curia/congregations/cfaith/documents/rc_con_cfaith_doc_19920131_book-guindon_sp.html.

———. "Notificación sobre algunos escritos del Rvdo. P. Marciano Vidal, C.Ss.R." (22-2-2001). *Vatican.va.* https://www.vatican.va/roman_curia/congregations/cfaith/documents/rc_con_cfaith_doc_20010515_vidal_sp.html.

———. "Notificación sobre la hermana Jeannine Gramick, SSND, y el pa-dre Robert Nugent, SDS" (31-5-1999). https://www.vatican.va/roman_cu-ria/congregations/cfaith/documents/rc_con_cfaith_doc_19990531_gra-mick-nugent-notification_sp.html.

———. "Responsum de la Congregación para la Doctrina de la Fe a un du-bium sobre las bendiciones de las uniones de personas del mismo sexo," *Vatican.va,* 15-3-2021, https://press.vatican.va/content/salastampa/it/bo-llettino/pubblico/2021/03/15/0157/00330.html#spa.

Congregación para el Culto Divino y la Disciplina de los Sacramentos. "Negativa a la ordenación de homosexuales al sacerdocio" (16-5-2002).

Corazones.org. Consultado 26-5-2024. https://www.corazones.org/sacramentos/orden_sac/homosexualidad_ordenacion_2005.htm.

Comstock, Gary David. *Gay Theology Without Apology.* Cleveland, Oh.: The Pilgrim Press, 1993. Consultado 25-5-2024. https://archive.org/details/gaytheologywitho0000coms/page/n7/mode/2up.

Coppen, Luke. "Cardinals ask Pope Francis to answer synod 'dubia'". *The Pillar*, 2-10-2023. https://www.pillarcatholic.com/p/cardinals-ask-pope-francis-to-answer.

———. "Luxembourg Synod calls for 'Gay Marriage'". *The Catholic Thing*, 28-7-2022. https://www.thecatholicthing.org/2022/07/28/luxembourg-synod-calls-for-gay-marriage/.

Curran, Charles E. *Catholic Moral Theology in Dialogue.* Notre Dame, Ind.: Fides Publishers, Inc., 1972. Consultado 25-5-2024. https://archive.org/details/catholicmoralthe0000curr_c4f9/mode/2up.

———. "Homosexuality and Moral Theology: Methodological and Substantive Considerations". *The Thomist: A Speculative Quarterly Review, vol.* 35, n.º 3 (julio de 1971): 447–481.

Darnton, John. "Gay Issue Roils the Church of England". *The New York Times*, 19-3-1995. https://www.nytimes.com/1995/03/19/world/gay-issue-roils-church-of-england.html.

DeBernardo, Francis. "New Ways Ministry's LGBT Catholic Pilgrims Get VIP Seats at Papal Audience". *New Ways Ministry*, 19-2-2015. https://www.newwaysministry.org/2015/02/19/new-ways-ministrys-lgbt-catholic-pilgrims-get-vip-seats-at-papal-audience/.

de Lasa, Marguerite & Malo Tresca. "Homosexualité: Dans l'Église de France, des initiatives pour faire bouger le discours". *La Croix*, 3-3-2023. https://www.la-croix.com/Religion/Homosexualite-lEglise-France-initiatives-faire-bouger-discours-2023-03-03-1201257664.

de Mattei, Roberto. *Plinio Corrêa de Oliveira: Profeta do Reino de Maria. São Paulo: Artpress, 2015.*

Der Synodale Weg. *Handlungstext: Lehramtliche Neubewertung von Homosexualität.* Consultado 23-5-2024. https://www.synodalerweg.de/fileadmin/Synodalerweg/Dokumente_Reden_Beitraege/beschluesse-broschueren/SW8-Handlungstext_LehramtlicheNeubewertungvonHomosexualitaet_2022.pdf.

Desmond, Joan Frawley. "Father Timothy Radcliffe's Designation as Synod on Synodality's Retreat Master Stirs Anxiety". *National Catholic Register*, 27-1-2023. https://www.ncregister.com/news/father-timothy-radcliffe-s-designation-as-synod-on-synodality-s-retreat-master-stirs-anxiety.

Dicasterio para la Doctrina de la Fe. "Declaración *Fiducia supplicans* sobre el sentido pastoral de las bendiciones" (18-12-2023). *Vatican.va*. https://www.vatican.va/roman_curia/congregations/cfaith/documents/rc_ddf_doc_20231218_fiducia-supplicans_sp.html.

————. "'Dubia' de dos Cardenales (10 de julio de 2023) y 'Respuestas' del Santo Padre 'a los Dubia propuestos por dos Cardenales' (11 de julio de 2023)". *Vatican.va*. https://www.vatican.va/roman_curia/congregations/cfaith/documents/rc_con_cfaith_risposta-dubia-2023_sp.html.

Drescher, Jack. "An Interview with Robert L. Spitzer, MD". *Journal of Gay & Lesbian Psychotherapy, vol*. 7, n.º 3 (febrero de 2003): 97-110. Consultado 26-5-2024. https://www.researchgate.net/profile/Jack-Drescher/publication/244889348_An_interview_with_Robert_L_Spitzer_MD/links/5413bc2f0cf2bb7347db270f/An-interview-with-Robert-L-Spitzer-MD.pdf.

Esteban, Carlos. "Obispo alemán espera que Roma deje de considerar la sodomía como pecado grave". *Infovaticana.com*, 10-1-2024. https://infovaticana.com/2024/01/10/obispo-aleman-espera-que-roma-deje-de-considerar-la-sodomia-como-pecado-grave/.

Filteau, Jerry. "Priest who denied lesbian woman Communion suspended for other reasons". *National Catholic Register*, 13-3-2012. https://www.ncronline.org/news/people/priest-who-denied-lesbian-woman-communion-suspended-other-reasons.

Flynn, Colm. "Synod on Synodality Report". *EWTN News Nightly*, 19-10-2023. https://www.ewtnvatican.com/articles/synod-on-synodality-report-1711.

Fraga, Brian. "In synod reports, US Catholics call for women's leadership, LGBTQ welcoming". *National Catholic Reporter*, 16-8-2022. https://www.ncronline.org/news/synod-reports-us-catholics-call-womens-leadership-lgbtq-welcoming.

————. "Pope Francis thanks New Ways Ministry in recent correspondence". *National Catholic Reporter*, 8-12-2021. https://www.ncronline.org/news/people/pope-francis-thanks-new-ways-ministry-recent-correspondence.

Francisco, Papa. "Angelus, Biblioteca del Palacio Apostólico. Domingo, 21 de marzo de 2021". *Vatican.va*, https://www.vatican.va/content/francesco/es/angelus/2021/documents/papa-francesco_angelus_20210321.html.

————. "Viaje Apostólico del Papa Francisco a Georgia y Azerbaiyán (30 de setiembre - 2 de octubre de 2016). Conferencia de prensa del Santo Padre durante el vuelo de regreso a Roma, domingo 2 de octubre de 2016". *Vatican.va*. https://www.vatican.va/content/francesco/es/speeches/2016/october/documents/papa-francesco_20161002_georgia-azerbaijan-conferenza-stampa.html.

————. "Viaje apostólico a Río de Janeiro con ocasión de la XXVIII Jornada Mundial de la Juventud. Conferencia de prensa del Santo Padre Francisco durante el vuelo de regreso a Roma, domingo 28 de julio de 2013". *Vatican.va*. https://www.vatican.va/content/francesco/es/speeches/2013/july/documents/papa-francesco_20130728_gmg-conferenza-stampa.html.

Glatz, Carol. "Pope names 13 consultors to Vatican Secretariat for Communications". *Catholic News Service*, 12-4-2017. https://www.ncronline.org/pope-names-13-consultors-vatican-secretariat-communications.
Goss, Robert E. *Take Back the Word: A Queer Reading of the Bible*. Boston: The Pilgrim Press, 2000.
Guindon, André. *The Sexual Language: An Essay in Moral Theology*. Ottawa: The University of Ottawa Press, 1977. Consultado 25-5-2024. https://archive.org/details/sexuallanguagees0000guin/mode/2up.
Grindley, Lucas. "The Advocate's Person of the Year: Pope Francis". *The Advocate*, 16-12-2013. https://www.advocate.com/year-review/2013/12/16/advocates-person-year-pope-francis.

Hanigan, James P. *Review of A Challenge to Love: Gay and Lesbian Catholics in the Church*, ed. Robert Nugent, *Horizons, vol.* 11, n.º 1 (1984): 203-204, https://doi.org/10.1017/S0360966900033508.
Hartmann, Christoph Paul. "Ist ein Segen für homosexuelle Paare möglich?". *Katholisch.de*, 29-8-2019. https://www.katholisch.de/artikel/22758-ist-ein-segen-fuer-homosexuelle-paare-moeglich.
————. "Volgger: Nicht nur Segen für homosexuelle Paare, sondern Anerkennung". *Katholisch.de*, 28-4-2020. https://www.katholisch.de/artikel/25706-volgger-nicht-nur-segen-fuer-homosexuelle-paare-sondern-anerkennung.
Herrera, Arak. "Movilh cuestiona 'bendiciones' a parejas homosexuales: 'Es una nueva e intolerable forma de exclusión'". *T13.ch*, 19-12-2023. https://www.t13.cl/noticia/nacional/movilh-cuestiona-bendiciones-parejas-homosexuales-19-12-2023.
Hume, Basil. "A note on the teaching of the Catholic Church concerning homosexuality" (abril de 1997). *New Ways Ministry*. Consultado 26-5-2024. https://www.newwaysministry.org/wp-content/uploads/2018/12/Hume1997.pdf.

Juan Pablo II, Papa. "Angelus, domingo 9 de julio de 2000, Jubileo en las cárceles", 9-7-2000. https://www.vatican.va/content/john-paul-ii/es/angelus/2000/documents/hf_jp-ii_ang_20000709.html.
Jack, Jason Steidl. "Remembering revolutionary Pax Nidorf, who founded

LGBT ministry DignityUSA". *National Catholic Reporter*, 11-4-2023. https://www.ncronline.org/opinion/guest-voices/remembering-revolutio-nary-pax-nidorf-who-founded-lgbt-ministry-dignityusa.

Kirk, Marshall & Hunter Madsen. *After the Ball: How America Will Conquer Its Fear & Hatred of Gays in the '90s*. New York: Doubleday, 1989. Consultado 24-5-2024. https://archive.org/details/marshall-kirk-hunter-madsen-after-the-ball-how-america-will-conquer-its-fear-hat.

Kosnik, Anthony, et al. *Human Sexuality: New Directions in American Catholic Thought*. New York: Paulist Press, 1977. Consultado 25-5-2024. https://archive.org/details/humansexualityne00kosn.

Liedl, Jonathan. "German Synodal Way approves same-sex blessings, lay preaching, and reexamination of priestly celibacy". *Catholic News Agency*, 10-3-2023. https://www.catholicnewsagency.com/news/253842/german-synodal-way-approves-same-sex-blessings-lay-preaching-and-reexamination-of-priestly-celibacy.

LifeSiteNews Europe. "Cdl. Müller Speaks Out in Defense of Polish Priest Sued by Germany for 'Hate Speech'". *LifeSiteNews.com*, 19-8-2021. https://www.lifesitenews.com/news/cdl-muller-speaks-out-in-defense-of--polish-priest-sued-by-germany-for-hate-speech/.

Loredo, Julio. "Homosexualidad y Teología de la Liberación", *Covadonga Informa* (Madrid, mayo de 1990), 8-9. Consultado 25-5-2024. https://issuu.com/nestor87/docs/covadonga_informa_1986_1990. Para las actas escritas de la conferencia, ver Joaquín Ruiz-Giménez, ed., *Iglesia y derechos humanos: IX Congreso de teología* (Madrid: Evangelio y Liberación, 1989).

Magister, Sandro. "'Fiducia supplicans'. Le cardinal Sarah: 'On s'oppose à une hérésie qui mine gravement l'Église'". *Diakonos.be*, 8-1-2024. https://www.diakonos.be/fiducia-supplicans-le-cardinal-sarah-on-soppo-se-a-une-heresie-qui-mine-gravement-leglise/.

Mahler, Thomas. "Exclusif: 'Sodoma', le livre-choc sur l'homosexualité au Vatican". *Lepoint.fr*, 13-2-2019. https://www.lepoint.fr/societe/exclusif-sodoma-le-livre-choc-sur-l-homosexualite-au-vati-can-13-02-2019-2293213_23.php.

Martin, S.J., James. "A Mini-Interview With the Holy Father". *Outreach. faith*, 9-5-2022. https://outreach.faith/2022/05/pope-francis-speaks-to-lgbtq-catholics/.

———. *Building a Bridge: How the Catholic Church and the LGBT Community Can Enter into a Relationship of Respect, Compassion and Sensitivity*. San Francisco: HarperOne, 2017.

Martínez-Bordiú, Almudena. "Papa Francisco afirma que 'pequeños grupos ideológicos' se oponen a Fiducia supplicans". *ACI Prensa*, 29-1-2024.

McDermott, Jim. "Interview: Sister Jeannine Gramick on being censured by the Vatican, 50 years of ministry and her hopes for LGBT catholics". *America*, 7-1-2022. https://www.americamagazine.org/faith/2022/01/07/sister-jeanine-gramick-new-ways-ministry-242155.

———. "Pope Francis praises Sister Jeannine Gramick's 50 years of L.G.B.T. ministry in handwritten letter". *America*, 7-1-2022. https://www.americamagazine.org/faith/2022/01/07/sister-jeanine-gramick-letter-pope-francis-242157.

McElroy, Robert W. "Cardinal McElroy on 'radical inclusion' for L.G.B.T. people, women and others in the Catholic Church". *America*, 24-1-2023. https://www.americamagazine.org/faith/2023/01/24/mcelroy-synodality-inclusion-244587.

McNeill, John J. *The Church and the Homosexual*. 3ª edición. Boston: Beacon Press, 1988. Consultado 25-5-2024. https://archive.org/details/churchhomosexual00mcne/page/200/mode/2up.

———. *Scommettere su Dio, teologia della liberazione omosessuale*. Casale Monferrato: Edizioni Sonda, 1994.

Monda, Andrea & Roberto Cetera. "Hollerich: la Iglesia debe cambiar. Se arriesga hablar con un hombre que ya no está". *Vatican News*, 28-10-2022. https://www.vaticannews.va/es/vaticano/news/2022-10/hollerich-sinodo-parte-continental-la-iglesia-el-hombre.html.

Montagna, Diane. "Archbishop prohibits priests from 'performing any form of blessing' of same-sex couples in response to new Vatican declaration". *Catholic Herald*, 19-12-2023. https://catholicherald.co.uk/archbishop-prohibits-priests-from-performing-any-form-of-blessing-of-same-sex-couples-in-response-to-new-vatican-declaration/.

Müller, Gerhard Ludwig. "The Only Blessing of Mother Church Is the Truth That Will Set Us Free—Note on the Declaration *Fiducia supplicans*", in "Müller–'Fiducia supplicans' is 'self-contradictory'". *The Pillar*, 21-12-2023. https://www.pillarcatholic.com/p/muller-fiducia-supplicans-is-self.

Murray, Gerald E. "Father James Martin Proposes an Alternate Catechism." *National Catholic Register*, 10-7-2017. https://www.ncregister.com/features/father-james-martin-proposes-an-alternate-catechism.

Mutsaerts, Rob. "Alweer die duivelse ambiguïteit". *Paarse Pepers*, 21-12-2023. https://vitaminexp.blogspot.com/2023/12/alweer-die-duivelse-ambiguiteit.html.

Naumann, Joseph F. "'Fiducia Supplicans' does not change perennial church teaching". *The Leaven*, 12-1-2024. https://theleaven.org/fiducia-supplicans-does-not-change-perennial-church-teaching/.

Neuhaus, Richard John. "Primrose Paths," in "A Sense of Change Both Ominous and Promising". *First Things*, agosto de 1995. https://www.firstthings.com/article/1995/08/a-sense-of-change-both-ominous-and-promising.

Novus Ordo Watch. "Austrian Homo Activist says 'Cardinal' Schonborn blessed his relationship". *YouTube.com*, Novus Ordo Watch channel, 19-9-2018. Consultado 26-5-2024. https://www.youtube.com/watch?-v=oV-g8aR01Sg.

Nugent, Robert, Jeannine Gramick & Thomas Oddo. *Homosexual Catholics: A New Primer for Discussion*. Washington, D.C.: Dignity, Inc., 1980.

O'Connell, Gerard. "Pope Francis encourages Jesuit Father James Martin in his L.G.B.T. ministry". *America*, 27-6-2021. https://www.americamagazine.org/faith/2021/06/27/james-martin-lgbt-ministry-pope-francis-240938.

————. "Pope Francis received Father James Martin in private audience for the second time". *America*, 1-11-2022. https://www.americamagazine.org/faith/2022/11/11/james-martin-pope-francis-244131.

————. "Vatican sources suspect Pope Francis was distancing himself from CDF statement on same-sex unions in address". *America*, 21-3-2021. https://www.americamagazine.org/faith/2021/03/21/pope-francis-same-sex-unions-statement-240291.

O'Loughlin, Michael J. "Global meeting of Catholic families in Dublin to include outreach to L.G.B.T. people". *America*, 20-10-2017. https://www.americamagazine.org/faith/2017/10/20/global-meeting-catholic-families-dublin-include-outreach-lgbt-people.

Outreach.faith. "Pope Francis clarifies comments on homosexuality: 'One must consider the circumstances'". *Outreach.faith*, 27-1-2023. https://outreach.faith/2023/01/pope-francis-clarifies-comments-on-homosexuality-one-must-consider-the-circumstances/.

————. "Pope Francis sends greetings to this year's Outreach conference for LGBT Catholics". *Outreach.faith*, 14-6-2023. https://outreach.faith/2023/06/pope-francis-sends-greetings-to-this-years-outreach-conference-for-lgbtq-catholics/.

Outright. "Matuba Mahlatjie Talks to Newsroom Afrika About the Vatican's New Stance on Same-Sex Couples". *Outright International*, 19-12-2023. https://outrightinternational.org/news-article/matuba-mahlatjie-talks-newsroom-afrika-about-vaticans-new-stance-same-sex-couples.

Paprocki, Thomas J. "Imagining a Heretical Cardinal". *First Things,* 28-2-2023. https://www.firstthings.com/web-exclusives/2023/02/imagining-a-heretical-cardinal.

Pilato, Claudia. "Dall'omosessualità alla pedofilia: sullo scivolo della rivoluzione sessuale." *Tradizione Famiglia Proprietà* (octubre de 2013). Consultado 24-4-2024, 2024. https://issuu.com/tradizionefamigliaproprieta/docs/tfpottobre2013.

Pongratz-Lippitt, Christa. "Cardinal leads first-ever AIDS Day requiem in Vienna cathedral". *La Croix*, 4-12-2017. https://international.la-croix.com/news/culture/cardinal-leads-first-ever-aids-day-requiem-in-vienna-cathedral/6492.

———. "New book charts path to same-sex benedictions". *The Tablet*, 6-5-2020. https://www.thetablet.co.uk/news/12869/new-book-charts-path-to-same-sex-benedictions.

Pontificio Consejo para la Familia. "Sexualidad humana: verdad y significado. Orientaciones educativas en familia" (8-12-1995). *Vatican.va*. https://www.vatican.va/roman_curia/pontifical_councils/family/documents/rc_pc_family_doc_08121995_human-sexuality_sp.html.

Progetto Gionata. "Il teologo Mancuso e le prospettive teologiche sull'amore omosessuale e il suo esercizio mediante l'affettività". Progetto Gionata, 27-4-2012.

Quaranta, Pasquale. "Chiesa e omosessualità, intervista a Vito Mancuso". *Liberstef.myblog.it*, 8-5-2012.

Ramos, David. "Históricas archidiócesis españolas proponen abolir el celibato y ordenar mujeres sacerdotes". *ACI Prensa*, 6-6-2022. https://www.aciprensa.com/noticias/94119/historicas-archidiocesis-espanolas-proponen-abolir-el-celibato-y-ordenar-mujeres-sacerdotes.

Ratzinger, Joseph. "La Iglesia y el escándalo de los abusos sexuales". Disponible en *ACI Prensa*, 14-4-2019. https://www.aciprensa.com/noticias/75114/el-documento-de-benedicto-xvi-sobre-la-iglesia-y-los-abusos-sexuales.

Rodríguez, Cecilia. "Pope Francis' Welcome to World's Only Openly Gay Prime Minister Rekindles Vatican Controversy". *Forbes*, 9-4-2017. https://www.forbes.com/sites/ceciliarodriguez/2017/04/09/pope-franciss-welcome-to-worlds-only-openly-gay-prime-minister-rekindles-vatican-controversy/#6cb67112a607.

Rozados Taboada, Manuel. "La Iglesia y la homosexualidad". *Revista Española de Derecho Canónico*, vol. 35, n.º 102 (1979): 531–583. https://summa.upsa.es/high.raw?id=0000005260&name=00000001.original.pdf.

Sánchez Silva, Walter. "*Fiducia supplicans* 'no era un tema' para Navidad, asegura Cardenal". *ACI Prensa*, 25-12-2023. https://www.aciprensa.com/noticias/102489/cardenal-sturla-declaracion-sobre-bendicion-de-parejas-homosexuales-no-era-tema-de-navidad.

Santa Sede. *Catecismo de la Iglesia Católica*, https://www.vatican.va/archive/catechism_sp/index_sp.html.

———. "Dichiarazione su un incontro di Papa Francesco con la Signora Kim Davis alla Nunziatura di Washington, DC (P. F. Lombardi, Direttore della Sala Stampa della Santa Sede)", 2-10-2015. *Vatican.va*. https://press.vatican.va/content/salastampa/it/bollettino/pubblico/2015/10/02/0749/01616.html.

———. "Presentación de la exhortación apostólica post-sinodal Amoris Laetitia: La lógica de la misericordia pastoral", 08-4-2016. *Vatican.va*. https://press.vatican.va/content/salastampa/es/bollettino/pubblico/2016/04/08/presentacion.html.

Scaramuzzi, Iacopo. "Pope Francis has met regularly with transgender Catholics at general audiences". Traducido por Massimo y Sarah Faggioli, y Griffin Leynick. *Outreach.faith*, 13-1-2023. https://outreach.faith/2023/01/pope-francis-meets-regularly-with-transgender-catholics-at-general-audience/.

Serra, Cristiana de Assis. "'Viemos pra comungar': Estratégias de permanência na Igreja desenvolvidas por grupos de 'católicos LGBT' brasileiros e suas implicações". Tesis de maestría, Universidade do Estado do Rio de Janeiro, 2017. Consultado 26-5-2024. https://www.diversidadesexual.com.br/wp-content/uploads/2013/04/Cat%C3%B3licos-LGBT-Cristiana-Serra.pdf.

Shine, Robert. "German and Flemish Bishops Warmly Welcome Vatican's Declaration on Blessings". *New Ways Ministry*, 9-1-2024. https://www.newwaysministry.org/2024/01/09/german-and-flemish-bishops-warmly-welcome-vaticans-declaration-on-blessings/.

———. "Pope Francis Meets With LGBT Pilgrims as Sixth Anniversary of His Election Approaches". *New Ways Ministry*, 12-3-2019. https://www.newwaysministry.org/2019/03/12/pope-francis-meets-with-lgbt-pilgrims-as-sixth-anniversary-of-his-election-approaches/.

———. "Pope Francis Receives Sr. Jeannine Gramick at Vatican". *New Ways Ministry*, 17-10-2023. https://www.newwaysministry.org/2023/10/17/pope-francis-receives-sr-jeannine-gramick-at-vatican/.

———. "Pope Francis Writes to New Ways Ministry: 'Thank You for Your Neighborly Work'". *New Ways Ministry*, 9-12-2021. https://www.newwaysministry.org/2021/12/09/pope-francis-writes-to-new-ways-ministry-thank-you-for-your-neighborly-work/.

———. "Priest Blesses Same-Gender Couple's Engagement in Malta; Archbishop Remains Calm". *New Ways Ministry*, 15-4-2015. https://www.newwaysministry.org/2015/04/15/priest-blesses-same-gender-couples-engagement-in-malta-archbishop-remains-calm/.

Solimeo, Luiz Sérgio. "The Homosexual Movement Scores a Win in the Fr. Guarnizo Affair—Who Caused the Scandal and Why?" *TFP.org*, 17-3-2012. https://www.tfp.org/the-homosexual-movement-scores-a-win-in-the-fr-guarnizo-affair-who-caused-the-scandal-and-why/.

Soulforce. "What Is the Primary Goal of Soulforce?" *Soulforce.org*. Consultado Dic. 2003. www.soulforce.org/main/faq.shtml. Documentación impresa del sitio web en 2003, en los archivos de la TFP norteamericana.

Spadaro, Antonio. "Matrimonio e conversion pastorale. Intervista al cardinale Christoph Schönborn". *La Civiltà Cattolica*, 26-9-2015. https://www.laciviltacattolica.it/articolo/matrimonio-e-conversione-pastorale-intervista-al-cardinale-christoph-schonborn/.

Sínodo, Secretaría General del. "Ensancha el espacio de tu tienda. Documento de Trabajo para la Etapa Continental" (24-10-2022). *Synod.va*. https://www.synod.va/content/dam/synod/common/phases/continental-stage/dcs/Documento-Tappa-Continentale-ES.pdf.

———. "'Relatio post disceptationem' del Relatore generale, Card. Péter Erdő" (13-10-2014). *Vatican.va*. https://press.vatican.va/content/salastampa/it/bollettino/pubblico/2014/10/13/0751/03037.html.

———. "XVI Asamblea General Ordinaria del Sínodo de los Obispos. Por una Iglesia Sinodal: Comunión, Participación, Misión. Instrumentum Laboris para la primera sesión (octubre de 2023)" (20-6-2023). *Vatican.va*. https://press.vatican.va/content/salastampa/it/bollettino/pubblico/2023/06/20/0456/01015.html#sp.

Tripalo, Luka. "Cardinal Jean-Claude Hollerich on Synodal challenges, the "woman" question, and the disputes with Church's teaching". *Glas-Koncila.hr*, 27-10-2023. https://www.glas-koncila.hr/cardinal-jean-claude-hollerich-on-synodal-challenges-the-woman-question-and-the-disputes-with-churchs-teaching/.

van de Spijker, Herman. *Homotropía: Inclinación hacia el mismo sexo*. Madrid: Sociedad de Educación Atenas, 1976.

Varnell, Paul. "Defending Our Morality", (publicado originalmente en el *Chicago Free Press*, 16-8-2000). *IGFCultureWatch.com*. Consultado 25-5-2024, https://igfculturewatch.com/2000/08/16/defending-our-morality/.

Vaticano. Ver Santa Sede.

Villar, Julieta. "Obispo aclara cómo se realizó la bendición a dos personas homosexuales en Uruguay". *ACI Prensa*, 22-2-2024. https://www.aciprensa.com/noticias/103286/uruguay-obispo-aclara-como-se-realizo-la-bendicion-de-carlos-perciavalle-y-su-pareja-gay.

Wallner, Josef. "Mehr als ein normaler Segen". *Kirchenzeitung.at*, 28-4-2020. https://www.kirchenzeitung.at/site/themen/gesellschaftsoziales/mehr-als-ein-normaler-segen.

Weldon, Terence. "Rainbow Sash Movement". *QueeringtheChurch. wordpress.com*, 6-3-2010. https://queeringthechurch.wordpress.com/2010/03/06/rainbow-sash-movement/.

Wikipedia, colaboradores de. "Conchita Wurst". *Wikipedia, The Free Encyclopedia*. Consultado 23-5-2024. https://en.wikipedia.org/w/index.php?title=Conchita_Wurst&oldid=1219830117.

————. "Rainbow Sash Movement". *Wikipedia, The Free Encyclopedia*. Consultado 26-5-2024. https://en.wikipedia.org/w/index.php?title=Rainbow_Sash_Movement&oldid=1160411803.

Winfield, Nicole. "Entrevista AP: 'Ser homosexual no es un delito', dice Papa". *Associated Press*, 25-1-2023. https://apnews.com/article/7ce9c2dbf0595ba301e10fda5d3d0649.

————. "Vatican apologizes for removing Catholic LGBT advocacy group from synod website". *America*, 13-12-2021. https://www.americamagazine.org/politics-society/2021/12/13/vatican-new-ways-ministry-synod-242024.

————, & Trisha Thomas. "For this group of trans women, the Pope and his message of inclusivity are a welcome change". *Associated Press*, 19-11-2023. https://apnews.com/article/vatican-transgender-lgbtq-b3d-67868504ba701cce09da9ecc94de0.

Wolton, Dominique. *Politique et société: Pape François, rencontres avec Dominique Wolton*. París: Ed. L'Observatoire, 2017.

Zengarini, Lisa. "Pope to Jesuit Fr. Martin: 'Jesus is Close to Everyone'". *Vatican News*, 3-8-2022. https://www.vaticannews.va/en/pope/news/2022-08/pope-to-father-martin-jesus-is-close-to-everyone.html.

Zimbrão, Natalia. "Dioceses do Brasil divergem sobre autorização da Santa Sé a bênção a uniões do mesmo sexo". *ACI Digital*, 26-12-2023. https://www.acidigital.com/noticia/57001/dioceses-do-brasil-divergem-sobre-autorizacao-da-santa-se-a-bencao-a-unioes-do-mesmo-sexo.

ZdK. "Zwischen Lehre und Lebenswelt Brücken bauen—Familie und Kirche in der Welt von heute". *ZdK.de*. Consultado 19-4-2024. https://www.zdk.de/veroeffentlichungen/erklaerungen/detail/Zwischen-Lehre-und-Lebenswelt-Bruecken-bauen-Familie-und-Kirche-in-der-Welt-von-heute-225w/.

Índice

Made in the USA
Middletown, DE
03 November 2024

63805048R00080